給台灣的八個建議

王丹・著

目錄：

第二個建議
正確面對中共的步步進逼

第三個建議
強化台灣內部的民主

第四個建議
讓太陽花繼續開放

第五個建議
台灣要成為一個進步社會

第六個建議

台灣的未來，不能交給國民黨

第七個建議
認清現實，走向未來

第八個建議
二〇二〇，台灣一定要贏

序一

王丹是我的摯友，他囑咐我為新書寫序，雖然許多前輩朋友都比我有資格，但也不敢推辭。台灣因為長期的歷史因素和身處的地理位置，對於中國相較於其他國家的民眾，有更多一些的認識，加上民主解嚴跟媒體開放下，我們無時無刻都可以聽別人的高見，自己也可以高談闊論。

然而，我們也得坦承，台灣人對於中國的想法跟認識也有來自因為上述因素所造成的侷限。我們不應自滿於本身的經驗，對於中國和台灣之間的認識和探索，我們實在有必要，不斷跟不同背景和意見的朋友們廣泛且深入的討論，不斷自我檢視跟挑戰，方能對內自我提升，對外對台灣有益。而，王丹則是我常常請教的對象，他不僅有個人的特殊生命經驗，也不斷的進修學習，以及跟世界各國的朋友交換對於中國的看法，這些都是難能可貴的特質和閱歷。除此之外，王丹和他的意見值得我們珍惜重視的原因，還有來自他對台灣的情感和認真。

王丹對於台灣的情感、知識的追求和民主的堅持，具體實踐在不斷地書寫和教學上。他曾經在台灣長期的教書，並花時間在課後辦中國沙龍、統獨辯論，跟同學們吃消夜。他提供學子們的不僅是追求知識的課堂，也付出大量課後私人的時間，跟年輕人們在一起，從中去了解年輕人的想法，也讓年輕人懂得去了解他人，這也是王丹自己探索人生跟追求知識的方式--不斷地在各種地方學習和交流。

我相信，是王丹對台灣的情感而有了出版本書的動機，而這本書的內容也奠基在他過去長期的努力。這本書談的不僅是中國和兩岸關係發展，更有對台灣內部問題的針貶以及建議，我誠心的推薦這本書，不僅是因為王丹是我的摯友，更相信大家可以從這本書中得到收穫。讀者不見得要統統同意他，但恰恰也是通過閱讀跟思辨，挑戰作者也挑戰自己的情形下，讓我們對於自身的問題得到更深入的認識，也獲得更寬闊的心胸。

保護台灣的民主，我們必須在生活點滴中去實踐民主，保護台灣的主權，我們必須從事實中去理解中國和台灣的問題，追求更美好的未來，需要一代人不停在民主的基礎上進步。這是我跟王丹共同的信念，相信也是許多讀者的信念，我誠摯地希望，大家有機會可以閱讀這本書，了解王丹的用心，也挑戰他的觀點，一起從閱讀跟思辨中獲得成長，讓台灣有更多的動力前進。

羅文嘉

序二

我小時候在電視上看愛國（中華民國）藝人唱「蒙上眼睛就以為看不到……」，長大後這些人已經跑去中国唱「我和我的祖国一個都不能少……」

在台灣長期受到華國思維的人總愛說：「政治歸政治，娛樂歸娛樂」，但能唱什麼歌向來反映了一個國家的意識形態，在台灣（中華民國）你想唱什麼沒人管你，但在中国你連在家裡唱《歷史的傷口》都有可能被鄰居舉報後，遭移送到北大荒勞改；這也是為什麼音樂節目《中国有嘻哈》會被共產黨下令改成《中国新說唱》，專制極權的政府，哪容得下有人民透過音樂批判思考？《動物農莊》裡除了豬以外都是動物，牠們只具備工具性的價值。

很多人要別人少談政治，其實他們真正表達的是——少談跟我立場不同的政治。

畢竟政治與社會就像一對染色體，不可分割，一個都不能少，活在社會體制中的人民怎麼可能不關心政治？

獨裁政權其實也能談政治，但你們只能跟著党的風向走，你膽敢忤逆党意試試看會怎樣？但共產党的權力結構複雜，風向瞬息萬變，今日風光政治正確，明日就被拖上街戴高帽批鬥，是中国從文化大革命到現在的日常風景，只是現在大多改發生在網路上，眾多愛国小粉紅及魯蛇五毛集體出征網路霸凌秀下限，成了瘋狂民族主義情緒中的網路紅衛兵。

在民主國家中聊政治也不見得比獨裁国家高尚廣到哪去……看看台灣媒體各有自己的立場，背後由財團、政黨供養的節目及名（冥）嘴，真正基於事實而捍衛立場的專業媒體人寥寥可數。

老百姓聊政治也不見得單純到哪去，有些人就是體制內的既得利益者，他們聊政治的方式當然都是目的性的，但他們很善用「中立理性客觀」包裝自己，在網路上、LINE 群組裡帶風向（散播謠言？）。

而那些為自己不關心政治感到清高的人，就正合了上述這些人的意，當人民對政治越冷漠，獨裁越容易復辟，貪婪的政客樂得蠶食鯨吞民脂民膏——反正你們不關心不在意。

這就是為什麼我要幫王丹的新書寫推薦序，這位我小時候在《六四天安門》看到的學生領袖，我們因為台灣及中国的地緣政治與國際局勢跨越時空遇見對方。

我只能透過閱讀認識中国共產党，而王丹卻是和中共交手過的學運領袖；我只能透過書本明白中国近代史，而王丹他是從歷史存在於未來的男人。

王丹定居在台灣時期，也參與了台灣民主過程的一連串事件，他比很多對政治冷感的台灣人更了解台灣，大家在閱讀這本書的過程中，會對自己不關心台灣政治感到汗顏。

王丹也藉由批判分析這些議題及事件，讓台灣人不要自己嚇自己，把中国想成魔力無邊的索倫魔王——台灣人只要團結，我們就是魔戒遠征隊，將權力欲望送進末日火山。

王丹不僅寫台灣國內的事，也以他在美國時期的研究觀察，對於台灣在國際關係上提出擲地有聲的諍言。

很多人沒去過中国卻覺得那邊什麼都好。

很多人只看到了少數中国繁華的面相，卻以為那是全部，很多人只看到中国的表面樣板，卻看不見共產党的核心本質。

在深海一片漆黑中的鮟鱇魚是怎麼誘捕獵物的？現在帶著喜悅，嘴裡「內地、內地、內地」喊著，及以為「中国是活路」的人可要當心了。

如果讀者願意放下成見閱讀這本書，王丹會像長輩關心般耳提面命，提醒台灣人要留意當心的事。

透過閱讀學習思辨，當你們茅塞頓開後會得到豐富的獎勵——批判力。

那些化成金身的政治蜈蚣精在各位面前難逃法眼，大家的批判力道徹底將他們打回原形。

二〇二〇看似是台灣民主過程中的一次選舉而已，但這次的選舉結果卻是關鍵性的節點，美中貿易戰讓兩國關係回不去了，正式宣告新冷戰時代開始。

台灣人民是選擇獨裁的中国共產党或自由民主的美國，決定台灣人未來要過上什麼日子。

知性藝人 陳嘉行（焦糖葛格）

第一個建議

正確認識中國

一・面對中國的五個原則：

隨著台灣和中國各自內部政治格局的變化，兩岸關係也必將處於不斷的微妙的變化過程中。具體會怎樣變化我們無從準確預測，但是還是有一些原則，可以提出來，作為台灣應當如何面對中國的建議的。以下就是我的五個建議：

第一、面對中國，首先就要了解中國。台灣的政府和智庫中有不少兩岸關係的研究專家，但是很少有中國研究的專家，後者多散佈在大學和民間機構。我們應當知道，兩岸關係和中國研究，並不是一回事；只有深刻了解中國社會的核心和底層正在發生什麼變化，才能對於兩岸關係未來可能面對的問題有一個前瞻性的預估，這就需要台灣政府增加中國研究的力度。此外，對中共的了解，也不能代表對中國的了解，中共和中國，已經有太多不同的內涵，在這個層面上，不把國家和社會分開來看，是無從認識中國的。

第二、面對中國，就要在戰略上有所取捨。這個世界上，最難的選擇不是在好與壞之間，而是在好與好之間。面對中國散發出的強大的經濟吸引力，以及這樣的吸引力將會帶來同樣強大的滲透力；面對民主與人權這樣的基本價值之堅持的重要性，和兩岸經貿交流的重要性；台灣很難有同時兼得的可能性，這個道理也很簡單，因為台灣面對的是中共這樣的政權，它給你A，必然要求你付出B。台灣必須要在兩個都很重要的東西之間做出一個取捨。當然，要如何取捨，需要凝聚社會共識，這裡考驗的，就是領導人對社會的說服力。

第三、面對中國，首先就要壯大自己的力量。這裡所說的壯大，當然包括軍事力量和經濟實力，但是這兩者無論如何壯大，恐怕也難以與中國抗衡。因此我所說的自我壯大，更重要的，是台灣的公民社會的發展壯大，是台灣內部自身文明建設的問題。台灣的民主制度、社會觀念距離國際標準都還有很大的進步空間，例如投票權的年齡限制仍然不能降低到十八歲，形同剝奪年輕世代決定自己未來的權利。這樣的內部建設不做好，只能產生社會內耗，而一個內耗頻仍的社會，要如何面對中國？

第四、面對中國，要有等待的耐心。台灣在變化，中國更在變化。相對而言，台灣的變化已經走上了一個正常的軌道，是可以預期的，相對穩定和緩慢的變化；而中國，還處於極為不穩定的變化過程中，各種可能性都會發生，而且變化很有可能是突然發生的。因此總體而言，時間是站在台灣一邊的。所以在兩岸問題上，實在不必有任何一個方向的貿進衝動，這方面，之前的政府都曾為此付出過代價，實在值得從中汲取教訓。台灣應當在壯大自己的同時，靜觀對岸的變化，以不變來冷靜面對。

第五、台灣不應當獨自面對中國。要面對中國，台灣首先應當成為世界的一部分。國際社會，並不是只有主權國家組成的。未來的國際社會，主權能夠涵蓋的事務會越來越少，而國際公民社會的力量會更加強大，這個公民社會是不需要外交承認，只需要價值觀的相同。為甚麼說堅持人權與民主的價值對於台灣來說命運攸關？就是因為自由、民主，這都是普世價值，是台灣可以與世界連接的唯一通道，也是台灣能夠成為國際公民社會的一部分的資格證書。台灣要努力成為世界的一部分，就不能對世界的事務無動於衷，不應該有「各人自掃門前雪，莫管他人瓦上霜」的心態，應當以公民社會為平台，在國家力量的支持下，積極承擔一些世界責任。

二・兩岸的距離在哪裡？——推薦李志德的《無岸的旅途》

前行政院長賴清德一席「我是主張台灣獨立的政治工作者」的聲明，在兩岸關係的發展上可以說是一個里程碑式的事件，因為這是第一次有臺灣的政府首腦直接面對台灣獨立的問題表明立場，毫不迴避。多年來，歷屆政府追求兩岸關係的「模糊」策略，就此破功，這對兩岸關係的未來發展，設定了新的戰場，是福是禍現在還無法判斷。但是有一點是可以肯定的，那就是兩岸之間的距離可以說是越來越遠了。

在這樣的歷史時刻，如果我們重新翻閱資深專門跑中國大陸和兩岸關係的媒體工作者李志德的《無岸的旅途》（八旗出版二〇一四），恐怕正合時宜。因為在這本書中，李志德以他長期對中國的深入觀察和對兩岸關係發展脈絡的清晰掌握，點出了兩岸之間的距離越來越遠的一些基本性的、深層次的問題。這些問題或許是老生常談，但是在今天新的政治氛圍下再次拿出來討論，還是有其意義的。

在《無岸的旅途》這本書的開篇，李志德就講了一個故事，說的是台灣的球迷去北京看球賽，結果被當成「維安對象」去提防的內心感受：「臺灣球迷，絕大多數帶著善意而來，迎接他們的，卻是差別待遇，甚至是羞辱。」坦率講，兩岸之間的距離，還不是在國際社會中的地位不平等。這一點是既成事實，台灣人雖然不滿意，但是也無可奈何，一般來講也只有接受，這就是現狀。但是，中國方面表現出恃強凌弱的心態，讓台灣民意感受到被羞辱，這才是問題的關鍵。或許有人會說，中國人對普通的臺灣老百姓也是充滿善意的，但是他們無法理解的是，善意與善意之間也是可以有不平等的。當中國人遇到台灣人，總是用咄咄逼人的態度強調統一的必要性時，對於台灣人來說，會覺得自己被剝奪了提出意見的可能性，那樣的「相對剝奪感」造成的，就是屈辱。這樣的屈辱感造成的，就是兩岸的距離越來越遠。

李志德在《無岸的旅途》一書中，還點出了一件圈外人不太容易知道的事實，那就是，在中國的對臺政策方面，雖然名義上的主導單位是台辦系統，但是一旦發生內部的爭執，台辦系統的意見，在分量上根本不敵國安系統。前不久的李明哲事件，就再清晰不過地佐證了李志德的這個判斷。這個詭異的事實，其實對於解讀兩岸關係來說，有重大的符號意義，也就是說：中共高層在面對兩岸關係的時候，他們優先考慮的其實不是兩岸關係，而是兩岸關係在中國內部事務中的意義、作用，和可以利用的價值。換句話說，內政的考量，大於對兩岸關係的考量，當然就更大於對台灣民意的考量了。這是兩岸之間的距離越來越遠另一個值得深思的原因。

《無岸的旅途》中還有兩句在我看來極為深刻和精彩的評論，那就是「連宋吳眼中的中國，是一個中國；大部份球迷感受到的，卻是另一個中國。」「端坐在『元首區』的連宋吳三人，形式上他們是中華民國的『國家代表』，但卻是由另一個國家指定產生的」。這裡說到的，是兩岸距離越來越遠，在臺灣這邊的內在原因。過去長期執政的國民黨的高級官員到中國訪問也好，談判也罷，他們其實都被當成了「統戰對象」，受到很高的禮遇；這使得他們無法體會到在兩岸的民間碰撞中，普通台灣人（例如一開始提到的那些臺灣球迷）所感受的不平等和屈辱。這就是為甚麼看起來國民黨的兩岸政策比較穩，但是仍舊得不到台灣民眾的支持的根本原因。也就是說，臺灣的兩岸關係政策的制定者和執政者，無法代表臺灣真正的民意，這，也是兩岸之間的距離越來越遠的原因之一。而現在，賴清德作為行政院長，說出了「台獨」這兩個字，應當是對臺灣新民意的呼應，兩岸關係應當有新的局面出現。

三・對民進黨中國政策的四點建議

二〇一三年八月二〇日，我與學者吳介民、陳志柔以及文化評論家張鐵志等，應邀參加民進黨中國事務委員會舉辦的對中政策擴大會議第四次會議（亦稱「華山會議」），會議由當時的民進黨主席蔡英文主持，民進黨相關部門負責人以及關心民進黨中國政策的一些社會人士也參加了這次會議。作為引言人，我在會上針對民進黨的中國政策，提出了四個建議，在此願與各界交換意見：

第一、要區分中國、中共和中國人的概念：中國是一個包含了歷史、文化等因素在內的概念，中共是一個政治概念，而中國人是一個族群概念，這三個名稱非屬同一個概念，混為一談本來就不嚴謹。當民進黨要面對中國問題的時候，我認為必須認識到，很多的中國人並不認同中共的很多做法，包括兩岸政策，只是由於缺乏言論自由的環境而無法發表。如果把中國人混同於中共，既無法正確認識中國，也沒有必要地擴大了對立面。

第二、區隔中國的國家和社會兩個層次：在國家主義和發展主義的背景下，逐漸崛起和強大的，是中國的國家層面，這個層面借助於金錢和武力，呈現的是國家暴力的形象和封閉的政治發展態勢；但是，與此同時，儘管有來自國家的強大壓力，中國的民間社會也在蓬勃發展，並且在很多方面呈現出與國家的意圖截然相反的特徵。要正確認識中國，就不能只看表面上的國家形象，而應當深入到社會層面，去看看到底什麼是真正的中國。

第三、正面向中國人民介紹民進黨的中國政策：長期以來，由於中共當局對於民進黨的片面宣傳，也由於民進黨本身對於與中國的接觸有所保留，導致不要說一般中國人，就是中國比較自由派的知識分子，對於什麼是民進黨，民進黨的歷史沿革，尤其是民進黨的中國政策，都缺乏了解，或者說，了解得過於簡單。因此，民進黨應當跳出「民共交流」的狹窄範圍，主動地、直接地、積極地向對岸的公民社會喊話，坦誠地自我介紹，並回答中國公民社會提出的問題甚至是質疑。

第四、與中國公民社會的對話應以兩岸民主發展為核心。對於兩岸的公民社會和在野力量來說，最能夠取得共識，並有助於加強交流，增進彼此了解的主題，就是從公民社會的發展到憲政民主工程的啟動。對於中國的公民社會來說，從台灣的民主化過程吸取經驗是急迫的任務；而對於台灣來說，中國是否走向民主化，也直接影響到台灣自身的安危。民主，是兩岸最大的共同語言。在民進黨開始正面處理中國問題的初期階段，抓住這個中心議題，可以最大地拉近兩岸的距離。換句話說，沒有民主化的實現，其他的問題，包括主權問題，也都無從談起。

以上四點建議，雖然是在民進黨的會議上提出，也是提給民進黨的，但是我認為，台灣其他的政治和社會力量，也面臨著同樣的「如何面對中國」的問題，因此，這些建議，也算是向整個台灣社會，包括執政黨提出的，希望可以得到外界的批評指教。

四．中國會不會對臺動武？

海軍金江艦誤射雄三超音速反艦飛彈，造成在澎湖海域作業的翔利昇號漁船一死三傷的慘劇，不僅引發對於臺灣國軍內部管理的質疑，也再次使得兩岸之間發生軍事衝突的問題浮出水面，甚至有陰謀論者提到了有人試圖引發兩岸戰爭的可能性。但是這一次，儘管中共當局仍然在對蔡英文政府進行「冷戰」，但是對這一事件的反應應當說是相對理智冷靜的。為甚麼會這樣？我認為，中共對臺灣在意識形態和涉及主權問題上的宣傳攻勢可以砲火強烈，但是對於任何與軍事行動有關的立場表述，就不能不更謹慎一些，因為那很容易導致「擦槍走火」式的後果，而那樣的後果是中共不願意面對的。這就很自然地會引致一個大哉問：中國會不會對臺動武？

本文並非要預測中共是否和何時會對臺動武，中國內部發展的極高的不確定性，使得任何這樣的預測都很困難。但是，中國如果要對臺動武，一定要有必要的條件，這才是我們要討論的重點。這裡，就不能不引入一個概念──政權更迭戰爭。

這個概念是美國在小布希政權時期提出的：在二〇〇二年的《美國國家安全戰略》中，當時的美國總統小布希提出了著名的「先發制人」戰略主張，那就是要通過先發制人的戰爭行動對一些他所謂的「邪惡國家」進行政權更迭。換句話說，這樣的戰爭，手段是軍事的，目標是政治性的。政權更迭戰爭的重點，就在於其政治性高於軍事性。我認為，如果中國對臺灣動武，所進行的也將會是這樣的旨在導致臺灣內部政權更迭的軍事行動，也就是說，中共的目標不會是通過軍事摧毀令臺灣成為焦土，這對它一點好處也沒有；而是通過軍事行動，讓親北京的政治力量可以接掌政權。

通過軍事介入推翻一個政府，然後用另一個政府取而代之，這是美國和前蘇聯在冷戰時期經常做的事情，但是這樣的介入也給強權國家帶來很大的風險，前蘇聯在阿富汗的介入就是例子。這個風險，主要在於：推翻一個政權容易，但是建立一個新政權並不容易。建立一個新政權，需要事先做大量的工作，培養軍事打擊對象國內的扶持對象；如果沒有後者的配合，軍事介入的結果就很可能使得自己進退不得，陷入泥沼。美國在伊拉克的處境就是一個典型案例。目前面對敘利亞問題，美國吸取教訓，致力於培訓反政府武裝人員，第一次培訓針對五千四百人，花費了五億美元，用了三年的時間。而美國對於北韓的一再挑釁仍然隱忍不發，沒有採取軍事打擊行動，原因之一，也是因為找不到內部的扶持對象。

可見，對於政權更迭戰爭來說，軍事力量並不是最重要的考慮因素，是否在對方內部找到可以建立新政權的力量，才是問題的關鍵。這，也是中國在考慮對臺灣動武的問題的時候，必須顧忌的問題。

因此，中國會不會對臺灣動武，我認為最重要的考量因素，就是中國是否能夠在台灣內部扶植親北京的政治勢力。這樣的政治勢力，不僅包括政黨，也包括特定的企業界人士和特定媒體。只有當這些臺灣內部的親北京勢力足夠強大，能夠在中國對臺灣動武，推翻臺灣合法政權之後，迅速建立起一個穩定新政權的情況下，中國對臺灣動武才有戰略勝利的可能。

簡單講，要確保中共不會對臺灣動武，其中很重要的一件事情，就是清除台灣內部的親北京的政商媒三結合的勢力，使得政權更迭戰爭的必要條件無法形成。軍事上，臺灣當然不能跟中國抗衡，但是臺灣內部的團結和沒有內奸，就是對中國動武的最大嚇阻力量。

五・既然動武不太可能，那麼，中共對臺只有一條路了

二〇一四年年底的九合一大選，對臺灣內部政治發展的影響很大，這已經有很多討

論了；我們也要看到，另外一個受到很大心理衝擊的的，應當就是中共了。

其實中共的對臺系統，應當對於國民黨這一次的敗選早有心理準備，但是他們應當跟大部分人一樣，也不會想到國民黨這一次會輸得這麼慘——誰會想得到呢？這次大選，對中共的心理衝擊可以分成三個部分來看：

首先，人民對馬英九政權的不滿，主要的一條就是他上台以後的傾中政策。確實有很多人懷疑馬英九為了建立自己的歷史定位，鴨子划水地把兩岸向統一的方向推進。對於很多台灣人，包括泛藍的人來講，獨立也許不是他們的選項，但是統一更不是他們可以接受的，他們用選票表達了立場；這個立場，中共現在已經心知肚明了。

其次，在陳水扁執政的那些年，失意的國民黨開始跟中共拉近關係，這讓中共似乎找到了統一臺灣的新的希望，那就是在臺灣內部政商兩界尋找代理人，從內部分化做起。連戰代表的，就是這樣的親共的勢力的政的部分，郭台銘代表的就是商的部分。這次大選，連家的慘敗，郭台銘經濟牌的失效，打破了中共的這個希望，他們心中的懊惱，恐怕是外人難以想像的。

最後，這次選舉，國民黨兵敗如山倒，直接影響的就是二〇一六年的總統大選。我相信中共的對臺系統再怎麼自欺欺人，現在也要開始準備迎接民進黨重新執政的未來了。當然，新的民進黨的政府在兩岸關係上也會採取務實的政策，兩岸關係不至於倒退，甚至也不會劍拔弩張。但是，中共原本期待的兩岸政治協議，大概就想都不用想了。對於習近平來說，統一也許辦不到，但是只要能達成兩岸政治協議，就算他在對臺政策上作出了政績。現在看，不可能了，這樣的沮喪也是可想而知的。

最近中國方面釋放出解放軍高級將領表達武力完成統一的消息，大概就是想恐嚇一下臺灣，不過這裡賭氣的成分更多一些。以中國現在經濟面臨調整，權貴集團與西方財團緊密勾結的現狀，發動戰爭，只能是殺敵三千，自傷一萬的做法，這一點習近平不可能不知道。總之，這一次大選的結果，等於告訴中共，兩岸關係進一步發展的可能性已經越來越渺茫了。現在，對於中共來說，處理臺灣問題，只有一條路可以走了，那就是無限期擱置統一的計劃。最近習近平的講話，隱約已經可以感受到這樣的心聲。

前不久他說要用「一國兩制」解決統一臺灣的問題，這種完全不切實際的發言，在香港已經鬧成這樣的情況下，聽起來真是笑死人，不過我覺得他是故意的：反正也沒有什麼更好的辦法，只好把基本的政策拿出來說說自己爽一下，不然怎麼辦呢？這反過來也看得出，他對統一這件事，已經是破罐子破摔的心理狀態。到了後來他又講要跟臺灣人民「心靈契合」，這種鬼吹燈一般的說法，更加反證出中共也知道，既然武力解決的方式不可行，那麼統一大業在可預見的未來就是空想。

六・正確認識中國，從正確面對中生開始

我曾經在台灣的清大、政大、成大、東吳、中正五所大學教書，其間認識了不少來自中國大陸的學生，現在叫做「中生」。

曾經有不止一位中生跟我訴苦，說臺灣的民眾對於牽扯到大陸事務的反感，會折射到他們身上，使得他們原本對臺灣充滿嚮往，現在覺得很失落。有位中國學生，也有自己的獨立思考，但是她說很多台灣人還是無法把她當作獨立的個人看待，而是用「中國人」的概念籠統對待她，讓她很困惑。

中共說陸生當臺灣間諜，臺灣這邊又懷疑陸生統戰。其實，大部分的他們，只是學生而已，跟臺灣人的小孩一樣，要唸書，為找工作煩惱，談戀愛，喜歡消費。希望大家不要把對中國和中共，甚至是對親北京的臺灣政客的不滿，轉嫁到中國交換生身上。

我們當然不排除有少數中國學生被洗腦，發表令人不快的言論，但是我們也要認識到，

大部份交換生只是二十歲左右的孩子，很多是因為嚮往自由民主而來，他們是無辜的。

後來我把這樣的想法分享到臉書上，固然有不少同意的言論，但是還是有不少台灣的網友表達不同意，而且其中有些言論，明顯看到情緒性成分，例如：「如果中國人不喜歡外國人用看待中國政府的眼光看待他們，應該要想辦法去面對自己政府並且試圖解決問題，而不是總是要求外國人理解包容。」，「到了別人家裡，要求主人這樣理解那樣容讓的，是哪門子的做客之道？」，「只要他們不要老抱著要併吞台灣的思想，一切好談！怕就怕他們已經從小被共產黨深根蒂固的洗腦了……」，「他跟你訴苦做啥？他應該要去跟他們政府反抗，爭自由爭民主才對，台灣人會這樣對他，也是因為他們邪惡的政府所致。原來中共的確不等於中國人，但是中國人無法改變中共的話，最後還不是一樣。」等等。

對於這部分朋友，我知道有些話我說了他們也不愛聽。但是，對於自詡是台灣的朋友的我來說，這些話不愛聽也要說，做朋友，不是理當如此嗎？我要說的就是，這樣的言論，其實說明很多台灣人對於中國並不了解，而且也不願意去了解。

為甚麼這麼說呢？首先，我認為社會倫理的基本底線就是同理心，就是將心比心，這就是所謂的「厚道」。不錯，中國來的學生，當他們在中國的時候，確實不敢上街抗議；但是其實我們都知道，在中國那樣的極權體制下，國家暴力不受限制，政治高壓無所不在，如果學生上街抗議，面對的很可能就是機槍坦克，就是生命的代價。一九八九年就發生過一次了。

在這種情況下，譏諷中國的年輕人不敢上街，未免有失厚道。試問李明哲是台灣人，如今被扣押多日，是否有台灣人敢於跑去北京的天安門廣場，大聲抗議？當然不會有，因為風險係數太大，這一點我是可以理解的。但是同樣的，中國的青年學生也不敢做同樣的事情，為甚麼就要被譏諷呢？更何況，台灣也經歷過白色恐怖時期，在那樣的年代，又有幾個人敢於走上街頭去抗議呢？從自己的歷史經驗出發，我們真的應當將心比心，理解中國學生在中國不能公開抗議的處境，而不是出言譏諷。這樣做未免有點過於刻薄，缺乏同理心。

我其實完全理解那些說這種話人的內心，我尊重他們對於中國和中國人的討厭的立場，畢竟每個人都有權利討厭其他的民族。我認為這一點沒有問題。問題是你討厭的方式，是非否合基本的社會倫理，是否符合文明社會的言行準則。如果僅僅是因為討厭甚至仇恨，就用不理性、不厚道的方式，用譏諷和刻薄的話語去表達自己的情緒，這樣的素質，也並不值得驕傲；而這樣呈現出來的形象，不僅無法說服對方，只能激怒對方，給自己不必要地樹立更多的敵人。

我在大學教書，跟來交換的中國學生有大量接觸，我深深地了解到，中國學生來台灣，大部分人都會不同程度地受到台灣社會民主化成分的影響，而且大部份對台灣都留下了美好印象。這是他們來台灣之前所沒有的。這樣的影響，甚至也包括了在統獨問題上的看法，他們嘴上不說，但是心裡已經有了中共不願意看到的獨立思考的成果。這一點，其實中共看得很清楚。前不久爆出所謂「陸生被吸收為間諜」案，就是中共已經認識到台灣對中國年輕一代學生的影響，並試圖通過警告的方式來遏制這一趨勢的證明。可見，中國學生來臺灣，確實會使得至少是部分人提升自己的民主理念和獨立思考。

如果臺灣人願意善待中國學生，會強化他們受到的影響和對臺灣的善意；反過來說，如果臺灣民眾拿這些中國學生當作異己份子、防範對象，甚至把他們與中共混為一談，就會弱化臺灣對中國學生的正面影響。有些中國學生抱著過於美好的印象而來，本身也並不認同中共，結果看到自己被當作中共，防禦性的心理機制會使得他們更容易倒向狹隘的民族主義。

我建議上述言論的臺灣朋友好好想想：如果你們真的是為了臺灣利益考慮，培養一批對臺灣有好感，民主素質更高的中生回去中國，和培養一批對臺灣失望而去，民族主義情緒更加高漲的中生回去中國，哪一個對臺灣更有利？如果是前者的話，那麼花一點耐心和經歷，用包容的心善待中國學生，其實也是為了自己利益的長遠考量。

其實，在臺灣生活久了，我對上述言論朋友的心情完全可以理解，他們的情緒我也可以感同身受。但是僅僅憑熱血、憑情緒發洩，並不能解決問題，不是嗎？

我再次申明，我完全理解台灣部分網民對中國的討厭，我甚至也願意理解他們把對中共的討厭，移情到所有的中國人身上的做法，儘管我不認同這一點。但是我還是希望這些部分的網民，不要對來台灣的唸書的中生用如此敵對的、刻薄的方式來對待，原因很簡單：第一、不是所有的中生都被洗腦，都是匪諜，一竿子打翻一船人，從來只能製造事端，而不能解決問題；第二、台灣已經是一個文明民主的社會了，如果你真的看不起中國和中國人，那就應當展現出比中國人更高的思想和行為水準，可是上述那種缺乏同理心的說法，並不能展現台灣人的高度，這，其實是對臺灣自身形象的傷害。從這一點來說，我的批評其實也是出於維護臺灣的立場。

當然，良言從來都是苦口的，還請被我批評到的網友了解我批評的本意。

七·台灣人為什麼應當了解「六四」？

今年是一九八九年民主運動和「六四」鎮壓的三十週年，各方面，都在緊鑼密鼓地進行各種紀念和報導的準備。而出版物，也會逐漸地越來越多。在這裡，我要向大家介紹，今年五月份，在台灣，會由允晨出版社，出版一本台灣著名攝影家謝三泰先生拍攝的攝影集。一九八九年的時候，謝三泰就在北京的現場。他用照片紀錄了那段歷史，使得我們可以透過第一手材料去了解真相。

我要謝謝三泰兄願意在三十週年的時候出版這本攝影集，更要謝謝允晨出版社和志峰兄選擇記憶和歷史作為出版的主題。當我們都認為那已經是發生在三十年前的事情的時候，我覺得實在需要太多視覺和思想的衝擊來提醒人們一件事，那就是：沒有什麼是真正過去的事情，所有表面上已經是歷史的事情，都跟今天我們的生活息息相關。今天的中國，之所以能成為今天的樣子，是國共內戰的結果，是一九四九年以後二十多年政治運動的結果，是九十年代以後瘋狂的經濟發展的結果，但更是一九八九年發生的民主運動以及悲壯結局的結果。

我知道很多台灣的讀者會覺得，這麼一件對岸國家三十年前發生的事情，到底跟我們的今天有什麼關係？我們為什麼要去知道和記住這些？對這樣的質問我完全理解，但是完全不能認同。要知道，今天的台灣，最直接面對的，就是中國。台灣不能像鴕鳥一樣，假裝對岸的中國不存在；更何況，掌控對岸的中國政黨——中共——每天都是計算著怎樣讓台灣成為延續他們統治的工具，而且不會為了因此而付出的代價皺一下眉頭。今天的台灣，中共的影響已經無所不在，中共的各種動作已經對台灣的民主構成直接的威脅，中共的各類嘍囉和盟友已經試圖掌控台灣的輿論甚至政權。這些，表面上看是發生在台灣的事情，但是背後，有深重的中共影子。我們怎麼能說，中國與我們無關呢？此時此刻，了解中國，理解中國，認識中國，對於台灣的未來而言是如此的重要；而這一切，都可以從一九八九年說起。這，就是今天我們要了解一九八九年發生在中國和北京的事情，對於台灣的意義。

更寬廣一點來說，不管是台灣還是中國，都是全球華人社會的一部分。Chinese這個英文單詞，沒有國族、國家、歷史和現實的區隔，因此可以用來作為定義命運共同體的基礎。在這個基礎上我們應當知道，有些歷史，儘管不是發生在自己身上，但是也是我們應當共同擁有和共同分享的，因為這些歷史，會形塑我們的未來，因為我們的未來，一定會有重疊的影子，這是情緒和意願所無法擺脫的。在Chineseの概念下，不同的人群可以有不同的追求，但是有一天，我們必須找到可以讓我們能夠坐下來好好溝通的基礎。在我看來，這個基礎，就是類似的歷史。中國有六四，台灣有二二八，二者儘管有太多的不同，但是兩者，其實也有很多的相同。你可以去找找當年台灣黨外運動時期留下的那些珍貴的抗爭照片，你在那些人權鬥士的臉上看到的堅毅、悲壯和神聖，其實，在這本攝影集中的那些中國抗爭者們臉上，也同樣可以看到，而且，幾乎一模一樣。這樣的共同歷史影像，是極其具有象徵意義的，它代表著，我們內心深處，有一些是共享的。這對未來，意義重大。

台灣人應當了解「六四」，還有一個重要原因，那就是在台灣具有歷史成敗意義的「二二八」事件，與中國發生的「六四」事件之間，其實有相當大的可比性。

記得有一年，在「二二八」紀念日前夕，我應邀到東華大學參加相關的紀念活動，有幸與原民進黨主席姚嘉文、原國史館館長張炎憲、詩人孟浪和我敬重的作家，也是白色恐怖受難者之一的陳列老師一起，同台比較台灣的「二二八」事件與中國大陸的「六四」事件。會上，我談了自己的四點感想：

第一、「二二八」與「六四」，都是一道歷史的傷口，也是台灣與中國大陸的民族發展中重要的歷史記憶。現在在兩岸都有人說，不管是「二二八」還是「六四」，畢竟已經是那麼久遠的事情了，應當慢慢地淡忘。但是我認為，不論是在台灣，還是在中國大陸，轉型正義都還遠遠沒有徹底進行。

歷史傷口的癒合需要有效的藥物，而真相、道歉、反思和防範這些轉型正義的內容就是最有效的藥物。在轉型正義沒有進行的前提下，要求淡忘是不負責任的。更何況，歷史記憶是民族主體性的根本，而歷史記憶就是歷史記憶，不能因為有些記憶帶來光榮我們就永遠銘記，有些記憶帶來傷痛和衝突我們就輕言放棄。

第二、在圍繞「二二八」和「六四」問題的討論中，都有人圍繞數字問題做文章。在台灣，有人說，國民黨政權殺了那麼多人，「二二八」事件只死了四萬人是小Case；在中國大陸，最常見爲「六四」屠殺辯護的理由，就是天安門廣場沒有死人，而絕口不提在長安街上死傷慘重的事實；或者抓住當時有人說死傷數萬的事情，強調沒有死那麼多人。暴政各有不同，爲暴政辯護的姿態卻是如此相似。

我認為，當權者用暴力鎮壓民眾，死十個人，跟死十萬人沒有本質的區別。人血不是數字，每一個生命都值得珍惜。這樣的辯護，背後暴露出的是冷血，是對生命的忽視。如果一個社會縱容這樣的言論存在，這個社會就不是一個高度文明的社會。而說這樣的話的人，根本就不是一個文明人。

第三、從「二二八」到解嚴，台灣正視過去那一段歷史用了四十年的時間；而「六四」到現在，也有二十五年了。這樣的比較告訴我們，正義有的時候是姍姍來遲的，追求正義的人，需要堅韌的意志和耐心，需要長期的堅持和努力。台灣的經驗告訴我們，只要反對派和人民有足夠的堅持和信心，正義早晚還是會來到，這一點，對中國大陸「六四」問題的解決很有借鑑意義，對我們是很大的歷史啟發和鼓舞。同時也要看到，在一九八七年以後台灣的政治轉型過程中，圍繞「二二八」問題的討論與動員化成巨大的政治能量，推動了民主進程。這說明，歷史問題不解決，就會仍然是現實政治問題並影響到現實政治的發展。我相信，「六四」對於中國大陸，也是如此。

第四、我和孟浪來自中國大陸，姚嘉文、張炎憲、陳列幾位先生是臺灣人，我們同台比較「二二八」與「六四」兩個歷史事件，這本身就具有象徵意義。多年來，我們一直呼籲兩岸要建立公民社會之間的對話與聯繫，建構一個華人公民社會共同圈。這樣的對話，這樣的共同圈，要建立在什麼樣的基礎上呢？我想，共同的歷史傷口，共同對於民主自由的嚮往，共同對於暴政專制的反抗，或許就是這樣的基礎之一。兩岸人民之間不能只有分歧，也要找出共識，而歷史記憶、民主政治、轉型正義，就可以成為這樣的共識。因此我認為，從「二二八」到「六四」，希望可以成為連接臺灣與中國大陸的公民社會之間的橋樑。

（附註：本書出版之際，詩人孟浪已經去世。孟浪生前十分熱愛和支持台灣，並且已經定居在花蓮。他的去世是個人的損失，也使得台灣失去了一位真正從內心熱愛台灣的中國人。在此，再次表達我的哀思。）

總之，了解「六四」，對於台灣人來說不會太難，因為台灣曾經有過「二二八」。而了解「六四」，不僅可以在兩岸間找到共同處，更可以通過「六四」對中國造成的影響，對於中國後來至今的發展，有更深刻和清晰的認識。這，就是為什麼台灣人應當了解「六四」的原因。

第二個建議

正確面對中共的步步進逼

一・中共不動，台灣不動

太陽花學運期間，創造了很多流行用語，即使學運過後都還在網絡上當作「梗」廣為流傳。「警察不動，我們不動」就是一例。這是當時學生與警察對峙的時候，喊出的策略性口號。事實證明，這是一個社會運動中經典的、有效的對峙策略。事過境遷，我們稍微改動一下這個句子，改為「中共不動，台灣不動」，正好可以用來當作我們對於兩岸互動的策略性建議。這個策略的具體內容是：

第一、對方不動，我就不動，以靜制動，看對方如何出招，再決定自己的對策。這本來就是雙方對峙的時刻，對自己一方最有利的策略。以小對大，更不宜主動出招。有的時候，不處理問題，比處理問題更穩健。對於「九二共識」這樣糾結不清的問題，想辦法去處理，還不如根本就不去處理；與其絞盡腦汁去想如何回應，還不如根本就不回應。

第二、兩岸關係走到今天，任何重大的變動都非常困難。我們可以理解選前民進黨政府需要平衡兩岸關係，不要導致兩岸關係擦槍走火的做法，為了贏得選舉，本來就應當小心慎重。但是，國民黨政府多年執政，兩岸之間的善意已經足夠，甚至引起了強烈的反彈，成為國民黨一敗塗地的主要原因之一。在這種情況下，很難想像民進黨還能釋放出更多的善意。換句話說，台灣方面主動伸出橄欖枝，進一步「表達善意」，讓兩岸關係進一步發展，應當是沒有必要、也不可能的事情，更沒有這樣做的空間。

另一方面，政府執政要得到人民擁護，勢必致力於儘快解決台灣的經濟困境，兩岸在政治上越走越遠，但是在經濟上還是密不可分，兩岸之間任何風吹草動，對一個百廢待興，基礎未牢的政權來說，都是不可承受之重。因此，在兩岸關係上，大動作走向另一個方向，我認為在目前階段，也是不明智之舉。所謂「攘外必先安內」，是值得未來的政府思考的。

第三、如果我們就目前兩岸內部的情勢發展做一個對比的話，台灣方面其實具有時間上的主動權。民進黨全面執政，短期內政權不會受到重大威脅；台灣已經具備民主制度，重大社會危機也不致引發劇烈的社會動蕩。幾次選舉的結果，使得台灣藍綠對立的社會情緒大為緩解。在一個可以預見的階段內，台灣會處於一個相對穩定發展的階段。

但是中國的情況不同。中共的統治表面上看似不可撼動，但是實際上，表面的穩定下，潛伏的是各種危機的可能性。第一是經濟下行不可遏制，中共目前的處理手法顯然左右支絀，經濟放緩帶來的社會衝擊不可預料；第二是對外擴張勢必給中共帶來週邊區域的安全問題，一個擦槍走火就會帶來戰爭的可能性；第三是中共的「二十大」政治佈局，今年就會開始，習近平的強勢作風，在黨內不可能沒有反彈，新一輪權力鬥爭一定會暗潮洶湧。種種因素讓我們可以斷定，相對於台灣內部政治社會發展態勢來說，中共面對的危機和挑戰遙比台灣更為急迫和嚴峻。

換句話說，兩岸關係錯綜複雜，但時間，其實是站在台灣這邊的。台灣不需要特別去處理兩岸關係的問題。密切觀察對岸內部政治社會發展的變化，對於中共可能對台灣做出的新動作做好各種沙盤推演，同時凝聚自己內部的共識，推動各項改革以強化自己本身的體質，做好各種因應變局的準備，除此之外，這，就是我說的「中共不動，台灣不動」的內涵。

二・台灣應當送一本廖亦武的書給梵蒂岡

台灣在外交上最大的警訊，應當就是中國和梵蒂岡教廷的互動。不同的媒體都已經報導，梵蒂岡準備向中國讓步，已經同意承認七名由中國當局任命的主教。眾所週知，主教任命權歷來是中國在和梵蒂岡談判建交過程中最大的障礙，現在教廷願意讓步，被視為雙方關係的歷史性突破，其代表的訊號也十分清晰：梵蒂岡，即將跟中國建交。而對於台灣來說，當然那就是即將失去一個重要的邦交國。

關於台灣的邦交國的問題，一直存在爭議，越來越多的人認為那些只是為了錢而跟台灣建交的小國，少掉一些沒有什麼。我也同意這個看法。不過，梵蒂岡對於台灣的意義卻非同尋常，這是公認的事實，不需我多加解釋，因此，一旦梵蒂岡與台灣斷交，對於台灣的國際空間來說，確實是一個沈重的打擊。所以，不管外界傳言如何，不到最後一分鐘，台灣還是不能放棄一切努力，阻止梵蒂岡與中共建交，而這個努力中的很重要的一部分，應當是切實向教廷說明中共的宗教政策以及中國所謂「宗教自由」的欺騙性，以及在中共建政以後的歷史中，那些好人聽聞的宗教迫害。也許，台灣駐梵蒂岡大使，應當送一本中國流亡德國的著名作家廖亦武的書給梵蒂岡那些主張與中國緩和關係的主教們參考。

二〇一一年，廖亦武在香港的明鏡出版社出版了一本書，叫做《上帝是紅色的》。一如廖亦武的一貫風格，這是一本底層訪談錄，不過這本訪談錄有一個集中的主題和訪談對象，那就是中國底層社會的基督徒以及他們為了自己的信仰，在中共的暴政下付出的慘痛代價。關於傳教士和傳教活動對於中國近代化的影響，學界有很多的研究成果，但是如此深入的田野調查，如此鮮活的對當事人直接採訪，並不是特別多。而正因為如此，這本書才彌足珍貴，因為它讓我們看到了中共對基督教的仇恨到了什麼程度。

廖亦武訪談的地點是在雲南，這裡早在十九世紀，就有歐美傳教士前來傳教，在一九四九年中共建政之前，在雲南的苗族、彝族、白族等民族居住地區，教會已經擁有了大量的教徒。中共接掌政權之後不到兩年，就開始大規模驅逐西方傳教士的行動，對於中國的信眾，尤其是其中的牧師和長老，則當作「階級敵人」進行殘酷的鎮壓。通過信道者王子勝的回憶我們知道，雲南境內最著名的基督教長老，王子勝的父親王志明牧師，在五〇年代初期還被當作中共的統戰對象，擔任過地方的政協委員。但是「文革」一開始就受到打擊，因為拒絕放棄基督教信仰而被捕，一九七三年十二月二十九日被槍斃。當時當地公安局還一度準備用炸藥將王牧師的屍體徹底銷毀，最後在家屬的苦苦哀求下才歸還屍體。一九四八年，侯靈悟擔任雲南大理中華聖公會牧師的時候，教會有信眾數萬人，到了一九五二年，敢於公開信主的只剩下了侯牧師等四人，社會氣氛對宗教的嚴酷可見一斑。侯牧師最後也在批鬥會現場腦溢血發作而死亡。

因為篇幅的關係，我不可能一一介紹那些基督徒的悲慘命運，但是我認為，梵蒂岡教廷的人，應當好好看看這本書。他們應當知道，主張唯物主義的共產黨，從其基本宗旨上來講，是敵視一切宗教的。他們過去積累了血跡斑斑屠殺教徒的歷史，教廷應當忽視嗎？對於基督教來說，如此敵視主耶穌，如此殘酷迫害基督徒的政權，難道不是撒旦的化身嗎？當然有人說，那都是過去的事情了，要向前看。但是今天的中國，宗教自由只是在中共領導下的自由，而地下教會依舊被迫害，那些獨立的團契活動依然受到壓制，一切都只是程度上的差別而已。教廷要跟中共建交，是不是應當要求中共為他們過去殘殺無數教徒的事情道歉呢？如果教廷選擇忘卻廖亦武書中呈現的那些血寫的歷史，又如何對得起那些在黑暗中用生命祭奠主的信徒們呢？

也許，有人應當向教廷提出以上的這些問題。

三・順豐向台灣社會發出的挑戰

順豐公司進行政治審查，拒絕寄送所謂「敏感」政治內容的書籍，這一事件發生在台灣，必須引起台灣政府和社會的高度重視。

這一事件發生後，網路上當然有強大的批評聲浪，但是也有不少類似於「中資背景，正常，不意外」的說法，在我看來，這樣的群體心態，才是這次事件最令人擔心的地方。台灣社會對於類似事件如果不在意、不重視，或者覺得沒有什麼大不了的，輿論一陣風過去，順豐照舊經營，類似事件大家習以為常，所謂「溫水煮青蛙」的過程就會進一步深化。沒有什麼，比這樣的發展，對台灣的威脅更大的了。

事實上，順豐公司拒絕投遞「敏感」政治內容的書籍，這樣的行為不僅有侵害消費者權益的問題，而且其性質，有破壞中華民國憲法賦予人民言論自由、思想自由的嫌疑。我們必須知道，思想自由和言論自由，包括思想和言論可以自由流通的自由，如果思想和言論不能自由流通，就談不上思想自由和言論自由。因此，拒絕寄送具有特定思想和言論內容的書籍，就是妨礙了思想和言論的自由流通，本質上就是違反言論自由和思想自由原則的行為，也就是違憲的行為。

更重要的問題在於，這不僅僅是要維護憲法，維護言論自由的問題，而是要維護台灣擁有的生活方式的問題。在台灣民主化之後，一個言論自由的環境，一個沒有政治審查的環境，已經成了台灣民眾的基本生活方式。民主，本身就不僅是制度問題，更是生活方式的問題。在一個民主的社會中，不會有人要去考慮太多政治上的顧忌，這樣舒暢的生活環境，是一個社會之所以美好的重要原因。中國雖然經濟強大，但是很多中產階級還是要把自己的小孩送到國外移民，不希望他們生活在中國，就是因為在專制制度下，中國缺乏一個讓人心情舒暢的生活方式，人們總是要提心吊膽，得小心翼翼不可觸碰「敏感」議題。這樣的日子，經歷過戒嚴時期的台灣人想必也感同身受。因此，順豐公司現在在台灣實行具有政治審查性質的商業行為，破壞的，其實就是台灣人已經習慣的，民主制度保障下的自由的生活方式。這樣的侵蝕在商業行為的掩護下，看起來不是那麼可怕，但是潛移默化之下對台灣的負面影響，是不可輕忽的。當自我審查進入社會生活中，民主就危險了。

前不久，民進黨徵召前立委羅文嘉回鍋擔任秘書長。羅文嘉離開政治已經很久，還願意回來，他對此曾經表示，就是不希望台灣的生活方式，和已經有的民主自由，在中國獨裁專制的陰影下受到破壞。言猶在耳，我們就已經在順豐事件中真切地看到了這樣的危險近在咫尺。台灣社會，是沒有理由對此掉以輕心的。在此，我想再次重申一遍我過去經常講到的一句話：爭取民主從來都是轟轟烈烈的，而失去自由從來都是不知不覺的。希望大家深思。

最後，作為因應，我認為有幾件事是必須要去做的：第一、政府當然要嚴肅面對，認真查處。一定會有相關法條是處理這樣的問題的，相關部門必須用公權力制止這樣的行為；第二、有些事不能只靠政府，社會自身也要發揮作用。對於破壞台灣既有生活方式，破壞民主自由的行為，民眾可以通過抵制等行為進行自救；第三、在中國現有的體制下，有些中資不得不受到中共的牽制，因此，中資入台是必須嚴加審查的。為了經濟發展，犧牲民主自由，不應當是台灣社會的理智選擇。

四・進攻，才是最好的防守——從蔡博藝參選說起

幾年前，淡江大學的中國交換生蔡博藝，曾經站出來爭取參選學生會會長，在當時的台灣社會，引起很大的爭議。這個問題要怎麼看？

我認為，蔡博藝是否能夠參選淡江大學學生會會長，其實沒什麼可說的，因為答案很簡單，那就是：「可以」。畢竟相關大學自治法規，規定了具有學籍的在校生就具備參選資格，並沒有限定國籍。因此，按照現行法規，她可以參選無誤。而那麼多的爭議，其實是圍繞著現行法律法規是否應當允許中國交換生參選學生會會長進行的。說白了，蔡博藝是代罪羔羊一隻，大家關心的，還是是否能夠以及如何能夠限制中國因素對臺灣社會的滲透。

我看了一些圍繞此事的討論，可以看到反對方主要的意見，就是擔心中國交換生參選學生會會長的口子一開，就給中共派人進行統戰大開方便之門。這點我也同意，我也有同樣的擔心，畢竟在香港，已經發生了立場上親共的大陸學生參選學生會會長的事情。但是我要問的是：我們要因噎廢食嗎？

臺灣當年的民主進程，很重要的一個戰場，就是大學自治與校園民主，今天的交通部長林佳龍就是當年學運的主要參與者。當時的訴求，核心的一點，就是不能讓意識形態干擾大學自治，因此，國民黨的政治組織應當退出校園。為甚麼爭取這個？就是因為我們都深信，大學是一個應當比社會上更加注重和維護自由，多元和開放這樣的價值體系的地方，我們要讓學生面對各種理論和主張，鼓勵他們自己去選擇。大學不是要告訴學生選擇什麼，不選擇什麼，而是要給他們一個環境，讓他們可以自由選擇。這不是臺灣上一代理想主義者積極為臺灣的大學校園爭取的基本教學秩序嗎？

如果今天，擔心參選學生的意識形態而限制他／她的權利，如果我們不讓學生自己選擇，而直接在法律上就限制了某種立場，本質上說，這跟當年臺灣民主運動反對的對象，又有什麼區別呢？為了防範未來的危險，而把現在的開放、多元體系限制住，這不是因噎廢食嗎？

我認為，面對中國因素，有消極防守和積極進攻兩種立場。反對蔡博藝參選的，基本上是消極防守的部分。這當然無可厚非，但是我們是不是也應當更多地去思考積極進攻的部分？

不錯，今天蔡博藝可以參選，也許明天就會有「五毛」也來參選。但是，如果真的有那種支持中共的人跳出來參選，我們要做的，不是去限制他／她的參選權，而是站出來積極地抵制他／他，讓他／她無法當選，難道不是應當這樣嗎？我們與其想儘辦法把自己層層裹起來，不如在臺灣社會散播民主理念的種子，讓有統戰思想的人在臺灣這塊土地上無法得到任何共鳴，這樣，豈不是更好的消毒辦法嗎？今天，很多學生大聲反對蔡博藝的參選，我想請問這些學生，你們過去，積極參與過學生會的選舉嗎？我們都知道，今天臺灣的在校大學生，參與校園民主的意願非常淡漠，每一屆學生會選舉的參與程度都很低。如果你真的擔心蔡博藝當選會侵害到臺灣的主體性，何不乾脆自己積極站出來參選呢？

有的時候，進攻，才是最好的防守。而消極的防守，往往是把自己困死在壕溝裡。

五・臺灣應當從香港學到的教訓

（一）

一場從佔中行動的號召開始，發展到雨傘革命的公民抗命行動，不僅把中共解決香港問題的所謂的「一國兩制」政策打出了原形，揭示出其騙人的本質，也掀開了黑幕的一角，讓我們看到了中共在香港長期以來進行的部署。這些部署，在這次雨傘革命的對峙過程中，一一展現出來，對臺灣來說，是一個難得的機會。為甚麼這麼說呢？因為我們都知道，香港，是中共的一個練兵場；它在香港所做的很多部署，都是為了將來解決臺灣問題進行預演。這一點，前不久習近平已經直言不諱地表達過了，那就是，將來，中共解決臺灣問題，也將用所謂「一國兩制」的方式。

我們不應當把「一國兩制」簡單地理解為「在一個國家之內實行兩種不同的政治制度」，我們應當把「一國兩制」看作一整套統戰、拉攏、滲透、收買、恐嚇等等的綜合戰略，這一套戰略經由二〇一四的雨傘革命，讓我們看出了一些端倪，這些端倪，是臺灣不應當忽視的。這樣的「一國兩制」戰略，基本上看，是通過三條途徑同時進行的：

第一條途徑就是商人。中共在香港，利用龐大的經濟資源，拉攏地產商為主的工商資本家集團和金融利益集團，這些集團掌控著香港的經濟命脈，影響和左右著巨大的職員群體的政治意向。這次雨傘革命甫一發動，中共第一個動作，就是要求李嘉誠等大資本家集體到中國內地與主管官員會面；當這些資本家在反佔中問題上動作緩慢的時候，《人民日報》就氣急敗壞地發表文章點名批評他們不配合中央政府。香港巨富階層，實則為中共滲透香港社會的第五縱隊，已經昭然若揭。

以此觀之，臺灣的第五縱隊是哪些人？這不是臺灣應當吸取的教訓嗎？

第二條途徑就是媒體。中共表面上不干涉香港的新聞媒體運作，但實際上最重視的，就是收買媒體的工作。《信報》就是典型的例子。這家代表香港工商界利益的媒體，曾經試圖用較為獨立的立場評論港府的施政，但是被李嘉誠的兒子收購之後，立場變得非常親政府。另一家原本也有自由傾向的報紙《南華早報》，當局則是採用摻沙子的方式，派一些中國內地出身的媒體人進入報紙高層，成功使得報紙立場轉向。而對於比較不聽話的媒體，例如《明報》，則完全採用黑道追殺的方式進行恐嚇。事實證明，中共要拿下香港，下功夫最大的就是派出自己信任的當地人收買當地的大型媒體，然後，讓這些媒體逐漸影響當地的民情輿論，為中共的利益服務。

這樣的事情，在臺灣是否已經發生？我想不用我說大家都知道。臺灣上下也都知道現在是哪家媒體集團在扮演這樣的角色。接下來的問題就是，臺灣要如何吸取香港的教訓，防止這樣的媒體集團引中共入境的問題了。

第三條途徑就是官員。這次香港人如此憤怒，部分原因就是因為梁振英本人被認為與北京關係過於密切。港人普遍認知到，梁振英更加在乎的不是港人的利益，而是北京給他的權力和利益。實際上在港府內部，原有的英國培養的公務員系統早已經被逐漸排擠，取而代之的是親北京的人馬。這條途徑比較沒有那麼高調進行，但是對於北京控制香港來說，卻是至關重要的。

這個教訓，臺灣要不要吸取呢？前不久的張顯耀案，其實就已經是警訊了。

今天香港發生的事情，明天就很有可能在臺灣發生。早一點認識到危險，在一點進行防範，這，難道不是臺灣最應當從這次香港雨傘革命中得到的教訓嗎？

（二）

關於臺灣與香港之間的關係，我曾經多次講過我的觀點，也不吝於再次重申一次，那就是：一九八〇年代中共宣布在香港實行「一國兩制」政策，其目的主要是把香港以及香港的回歸當作一個實驗場，為未來中國吞併臺灣進行預演和做準備。換句話說，從一九八〇年代開始到現在，中共有組織、有系統地在香港所進行的很多滲透和管制的手段，都是一種練兵，未來都會在試圖征服臺灣的過程中，一一再次上演。因此，為了因應中共對臺灣的滲透，沒有什麼，比參考在香港發生的類似案例更明智的了。

例如在臺灣這幾年鬧得沸沸揚揚的「愛國同心會」以及這個組織所從事的活動，對於香港人來說，完全不會陌生，因為在香港，有一個幾乎一模一樣的組織，叫做「愛護香港力量」（「愛港力」）。這個組織一開始是在網絡上集結的，其發起者是一個從中國大陸移民香港的女性活躍人士陳淨心，她自稱只是一介「家庭主婦」，是因為不想看到「香港繼續差下去」才挺身而出的，對外聲稱「我願意成為共產黨員，無私的為國家奉獻」。

僅僅一年多的時間，該組織的成員就奇蹟般地從十幾人發展到四千多人，但組織方式頗為神秘，除陳淨心本人外，其他很多主要負責幹部都不會向外公佈真實姓名。他們主要的活動是兩類，一類是發動各種擁護特區政府、支持北京政權的遊行，揮舞五星紅旗在香港街頭招搖過市（臺灣讀者開始眼熟了嗎？）；另一類就是「狙擊」民主派人士的活動，號稱「踩場」（就是「踢館」的意思），其手段也很簡單，就是用暴力方式攪亂會場，或者在網絡上斥罵民主派的「漢奸賣國賊」，最著名的畫面就是在一次民主派的討論會上，陳淨心跳上桌子大吼大叫，幾十個黑衣人跟著掀翻桌子叫囂，後來上了很多媒體的版面（此情此景，臺灣讀者應當更眼熟了吧？）。

對於今天臺灣新黨青年軍的人物和活動，想必香港人也不會陌生。我們一般都知道香港青年學生大多支持本土力量，香港學聯更是積極發起各種維護香港民主自由的活動。但是一般人不知道的是，香港也有背景十分複雜的青年組織，做的事情跟香港學聯他們完全相反。早在二〇〇一年，一批港大香港青年學生宣布成立「香港各區專上學生聯盟」，與傳統支持民主派的「專上學聯」名稱十分相似。後來成為雨傘運動學生領袖之一的周永康二〇一二年時擔任香港大學學生刊物《學苑》副總編輯，他當時就曾經對媒體指出，這個「香港各區專上學生同盟「滲透」香港大學學生會已有十年，「本來他們只是不想港大學生會發聲，誰料到後來卻被用來執行政治任務。」什麼政治任務呢？這個組織在各個大學積極促成各種香港學生到中國大陸去交流和實習的活動（眼熟吧？），對於社會公共議題發表親北京的言論，強調「愛國」，淡化「六四」事件（眼熟吧？），致力於「培養香港未來的政治精英」，到處拉人加入他們的組織（眼熟吧？），其主要幹部經常訪問中國大陸，有的甚至還是中共外圍組織「全國青年聯合會」的委員（眼熟吧？）

最有趣的，是二〇一二年成立的「香港青年關愛協會」。該協會主要的工作之一，就是到法輪功在香港各地的攤位發動反制行動，與對方比看誰懸掛更多的橫幅和宣傳品，並與對方爆發各種衝突。凡是去過一〇一大樓前面的台灣讀者，對這個情景一定也不會陌生吧？

今天的香港，公認已經沈淪，而這個沈淪的過程，早在十多年前就已經開始了。在這個過程中發揮重要作用的力量，他們的組成、他們的活動特質、他們與中國大陸的神秘聯繫、他們對社會起到的分化作用，所有這一切，現在，在臺灣也開始出現了。台灣人，以及臺灣的有關部門，難道不應當關注香港以往的案例經驗嗎？有人不相信今日的香港，會是明日的臺灣。但是以上例證足以說明，至少，昨日香港，已經是今日臺灣了。事情，都是一步步來的，不是嗎？

六・吳寶春事件與青蛙

吳寶春發表聲明，支持九二共識，這當然是被迫的，但引起台灣社會輿論極大反彈，不是沒有原因的。還記得當年許文龍也曾經被迫發表過類似的「表態」言論，但是社會上的反彈就沒有這一次這麼大。主要是因為大家都知道，許文龍設在中國的工廠受到極大壓力，他的高級管理幹部有失去自由的危險，許文龍被迫發表聲明，那是為了救人。但吳寶春不一樣，他不是為了救人，他是在已經很有錢的基礎上，為了掙更多的錢，自然不太能得到外界同情。

當然，掙錢不是錯，我們也都理解吳寶春的處境，知道他為了在上海開店，受到的壓力一定非常之大；我甚至也寧願相信，吳寶春在發表「我是中國人」、「我支持九二共識」的聲明時，內心一定也非常掙扎，他不可能不知道這會在台灣引起怎樣的輿論風波。但是，中國的市場比台灣大，吳寶春作為一個商人，在金錢和尊嚴之間選擇了金錢，我真的覺得無可厚非。所以，在事件剛發生的第一時間，我在臉書上並沒有對吳寶春本人進行撻伐，我表達的感情是「難過」。我為吳寶春難過，是因為他被迫放棄尊嚴；而更令我難過的是，在地方選舉結束，親中政治力量全面回潮之後的不久，就發生了吳寶春事件，這當然不是一個巧合。這是一個訊號，從對岸發送過來，告訴台灣人：「我們已經看破了你們的手腳，在尊嚴和金錢之間，你們通過選票，選擇了金錢。吳寶春就是最新的一個例子。」而我最為難過的是，我知道，其實，很多台灣人不是這樣的。

但是，吳寶春事件也提醒了台灣人一件事，那就是：中國在未來，會更積極地用各種方式，包括逼迫的手段，讓更多的台灣人被迫站出來表態。這些動作，由於台灣政治版圖的改變，會更為方便地進行。這次高雄市長韓國瑜，前新北市長朱立倫都站出來，表示要支持吳寶春，就可以看出這樣的「方便」。

從吳文龍到周子瑜，從演藝人員到麵包師傅，中國會通過一個個台灣人的「政治表態」，逐漸在台灣社會形成一種潛移默化的氣氛，有利於承認九二共識在台灣不知不覺地得到更多人的認知。對此，會有反對的聲音，但是也會有很多的冷淡，很多無所謂的態度，時間久了，更多的人連反對的興趣都沒有了，於是，「九二共識」就會成為台灣的主流。不管是否能過做得到，但是顯然，這就是「溫水煮青蛙」的方式，而吳寶春事件，只不過是這樣佈局中的一隻青蛙而已。北京對香港，採取的就是這樣的方式：一開始，群情激昂，然後水溫不斷地小幅度調漲，大家也就慢慢地放鬆警惕了，於是最終，青蛙就被煮熟了。今天的香港，不就是這樣被煮熟的一隻青蛙嗎？

正因為如此，我覺得我們沒有必要對吳寶春本人過於口誅筆伐，他的表現令人失望不假，但是我們也都知道他的難處，更何況，這又豈止是他一個人的難處呢？我們應當重視的，是「吳寶春事件」背後反映出的危險。尤其是在十一月的地方選舉之後，中共必定食髓知味，見獵心喜，過去生怕激起台灣民意反彈而低調進行的統戰，現在在所謂「新民意」的鼓勵下，必定會更加緊鑼密鼓地進行。吳寶春事件，僅僅是一個開始。

七・台灣應當支持中國民主運動的理由，以及具體作法的建議

如果純粹從道理上講，中國的民主化對全世界都有好處，對台灣也有好處，這一點大概沒有人會反對；但是一涉及具體的層面，就是台灣要如何幫助中國的民主化，就意見分歧了。有些人覺得：「我們台灣幹嘛要幫助中國的民主化？那是你家的事情，與我無關。」這樣的人話不投機，我沒有什麼可說的。但是也有不少台灣的朋友會認為：「我們也知道中國民主化對台灣有好處，但是台灣這麼小，自顧不暇，我們什麼也做不了。」對這樣的朋友，我就有話可說了。因為我認為，台灣雖小，還是可以做一些更大的事情的，世界史上有很多可以學習的例子，妄自菲薄不是愛台灣應有的表現。具體來說，有以下一些事情是臺灣可以用來推動中國民主化發展的：

1．在兩岸互動的過程中，應當直接不斷地提出，以大陸民主化作為任何討論兩岸政治前

景可能性的先決條件。這不僅可以在國際上獲得支持，也可以迫使中共不斷面對民主化的議題，更可以使得中共在煽動民眾的民族主義狂熱時投鼠忌器；

2．臺灣民間社會有豐厚的非政府組織資源和運作經驗，應當透過民間的方式將這樣的資源和經驗傳播到中國大陸，幫助中國大陸的民間社會找到自己的生長點；幫助中國大陸的非政府組織得到國際社會的支持和關注。

3．加強對中國大陸民間的民主宣傳，通過廣播、網路的方式傳播外界的自由信息進入中國；中央廣播電台的功能應當進一步加強；青年學生可以更多地介入到中國的社群網站、微信、人人網等，擴大與對岸學生的資訊交換。

4．在中國大陸工作的臺商可以與當地的公民社會力量結合，在文化、教育、環境保護等方面幫助大陸的社會進步；民主化是長遠良好投資環境的根本保證，台商應當從長遠投資的角度參與當地公民社會的建設，這並不觸及所在地的政治體制。

5．擴大邀請中國大陸的海外留學生來臺灣訪問，讓他們有機會了解臺灣民主化過程的經驗和教訓；加強台灣社會與在台灣唸書的陸生群體之間的接觸，邀請他們深入到台灣社會的肌體裏面，組織參訪社區大學、非政府組織，推動陸生認識台灣的民主。

6．加強民主基金會的功能，逐漸把民主基金會的工作重點轉移到推進中國大陸民主化的方向上來；同時整合民間的相關資源，建立具有協調性的支持中國民主發展且更為廣泛的平台。

7．支持海外中國大陸民運組織的工作。直接介入到中國大陸內部的民主運動，確實具有雙向的風險，因此海外的中國民運就可以成為支持中國國內民運的橋樑，相關資源和支持可以通過海外的渠道輸入到中國大陸內部。

8．在類似Google事件或者「冰點」事件這樣的時刻，臺灣應當從民主自由的基本價值出發，無論是政府、還是民間，都應當正面發出關注或者聲援中國大陸民主發展的聲音，增加輿論壓力。

這些事情都並不太難，也不會導致中共惱羞成怒，導致兩岸關係倒退，重點還是在於台灣是不有有人有意願去做這些事。後者才是台灣在面對中國民主這個議題的時候，最大的心理障礙。

第三個建議

強化台灣內部的民主

一・理性選民越多，民主制度越鞏固

對於民主制度來說，選舉是極為關鍵的。我們完全可以說，只要定期選舉還在，民主制度就還是會發揮功效。但是，選舉也是一個有風險的制度設計，在民粹風潮的帶動下，不理性的投票導致反民主的政治領袖上台，這樣的例子也很多。如何讓選舉可以成為民主的保障—我認為，關鍵的一點，就是選民本身素質的提高。換句話說，就是理性選民越多，民主制度越鞏固。

遺憾的是，我必須坦白說，我認為台灣經歷了二三十年的選舉洗禮，但是在各種因素的綜合作用下，每次選舉到來，選民的理性程度仍然令人不能滿意。我印象比較深的一次，就是二〇一四年的台北市長選舉。

二〇一四年年底的臺北市長選舉，我看到的無論是平面媒體，還是電子媒體的討論，以及私下聽到的討論，幾乎都是圍繞著柯文哲要不要入黨啊，馬英九會不會讓連勝文選啦，或者兩黨如何催出自己的基本盤啊等等政治策略來進行，台北市明明有那麼多市政問題，我真的很少聽到關於具體市政的討論，很少有人願意比較和討論一下哪些候選人的哪些市政建議，對臺北市和臺北市民更好。說來說去，大家不是在選市長，是在選藍綠。這真的非常可悲。

說可悲，是因為選顏色不選市政能力，似乎成了臺北市長選舉──也許是整個台灣的選舉──的痼疾。還記得二〇〇六年的臺北市長選舉。那一年，謝長廷、郝龍斌、宋楚瑜三個候選人爭奪市長寶座。坦率講，不僅是我這個觀選者，就是外界，大概也都不會否認，單就市政能力而言，以宋楚瑜省長任內的勤政、謝長廷主政高雄市的政績而言，他們應當比資歷尚淺的郝龍斌更強。但是選舉結果，郝龍斌大勝謝長廷，而老驥伏櫪的宋楚瑜更是只拿到五萬多票。顯然，台北市選民對於政黨立場的考量大於對於候選人市政能力的比較。

臺北市號稱首善之區，臺北市民一向自詡市民素質最高，然後只要選舉一來，大家還是照樣以藍綠來作為投下神聖一票的判斷標準，這麼多年了，沒有進步。我們想想紐約，每一次的市長選舉也很激烈，但是今天回顧起來，我們都會想到朱利安尼在治安問題上的雷厲風行，想到彭博任內不顧外界抗議而整頓交通，新任市長白思豪的社會左傾政策；我們甚至也會津津樂道他們的個人風格，包括白思豪的多元家庭。但是，沒有多少人會聚焦在這些市長的政黨背景，去討論他們是共和黨的人還是民主黨的人。在一個民主化更加穩定發展的社會中，政黨背景的色彩越來越淡化，政策主張和候選人的能力越來越成為選民最在乎的事情。而目標也是成為國際化大都市的臺北市呢？

我沒有在討論候選人，候選人到了提名結束，進入選舉日程之後，一定都會提出洋洋灑灑的競選政見。這些政見一旦當選之後是否會履行也不是本文討論的重點。我針對的，是媒體和選民。選舉中，有多少媒體會大幅度報導候選人的市政政策？選舉後，有多少投票了的選民說得出來他們選出的市長有什麼具體政策主張呢？沒有。無論是媒體，還是選民，他們不在乎候選人的政見，而比較在乎的是候選人的政黨立場，以及他們的參選在政治權力鬥爭中的影響。可是明明，市政能力關係到的是選民未來若干年的切身利益，但是選舉一來，大家似乎對這些都不管不顧了。怎麼會這樣？

我不是選民，我僅僅是一個長期住在臺北的觀察者，但是我能親身體驗到，臺北的市政還有很多可以值得檢討的地方：我住的地方不遠就是花博所在地，那麼大的地方現在利用價值很低；松山機場的飛機起降日夜轟鳴，到底要不要遷移走？已經有了小巨蛋了，是不是還需要大巨蛋，讓臺北市繼續擁擠堵塞？

多關心具體的政策，從能力出發而不是從政治立場出發，這樣的選民，就是理性的選民。我還是那句話：理性選民越多，民主制度就會鞏固。

二．青年要了解並擁抱政治工作

遙想太陽花學運時期，一批曾經參與過社會運動的大學部和研究所的學生衝鋒陷陣，他們或者以身體的衝撞撐住學運的縱深發展空間，或者在電視上舌戰藍媒從側翼延伸學運的影響力，或者在幕後集結各方意見為學運進行腦力激盪。這些年輕的在校學生在台灣的政治版圖上異軍突起，所向披靡，把當時的馬英九政權搞得灰頭土臉，國民黨從此日暮途窮。他們就像一股政治氣旋，攪動了台灣的政治。這批太陽花學生聲名鵲起，卻也騎虎難下，被自己製造的氣旋拉動，一不做二不休，從原來的校園民主和社會運動的場域，轉戰到了真正的政治工作場域。他們投入選舉，選舉後進入了立法院等等政治工作的機構。他們中的一些人名字我們耳熟能詳：陳為廷、吳崢、范綱皓、陳廷豪、曾柏瑜等等。

經歷過幾十年戒嚴體制和白色恐怖威權統治的台灣，一直到今天，對於「政治」這個詞很多人還是避而遠之，甚至心生畏懼，更有甚者就是給予污名化。大多數人其實搞不懂：政治工作在幹嘛？對於這個問題，上述那些已經成為政治工作者的太陽花世代學生們，以及另外一些從社會運動轉戰到政治領域的青年世代成員如呂欣潔、苗博雅等，最近共同在大塊出版社出版了一本書，名字直截了當地就叫做《政治工作在幹嘛？》，正面地回顧和總結了他們對這個問題的感受和認知。這本書，是我要積極向有志於改變台灣社會的青年人推薦的。

這些年我在臺灣的各個大學和公共場所演講，核心的一個議題，就是希望能夠有更多的青年站出來，加入社會改造的行列（所以從清大到社會上，一些叔叔阿姨們非常的看不慣我啊啊啊）。我的理由其實很簡單：第一、作為一個公民，參與政治不僅是權利，更是義務；第二、與社會上不同的群體相比，青年學生最沒有包袱，最具備理想性，也最有衝撞能量，推動社會向前走，他們義不容辭。但是我也經常遇到困惑的學生，提出他們的「少年維特的政治煩惱」，那就是：我到底應當怎樣做，才能實質性地影響這個社會呢？現在，要是再面對這個問題，我就輕鬆多了，我會說：請你們參考《政治工作在幹嘛？》這本書，那就是青年參與政治的《葵花寶典》。

陳為廷這群作者在這本書中，以自己的親身經歷和感受，具體而微地告訴了我們他們對於政治工作的理解與認知，以及最近兩年他們都具體做了哪些政治工作，這些工作要怎麼樣才能做好（或者做不好）。從作者群選擇的主題，就可以看出這本書的實戰性質，例如要怎樣進行文宣工作？吳沛億在他的〈美化，不是偽裝〉一文中就給出了文宣工作的六大要項。給總統候選人撰寫文稿真的很有成就感嗎？語不驚人死不休的范綱皓就在〈我就是蔡英文，蔡英文就是我〉一文中，告訴了我們所謂「文膽」到底是要怎樣做才上不愧對天地，下不愧對老闆；苗博雅的文章，從標題上看簡直就是血淚斑斑──〈政治工作是違反人性的反覆鍛錬〉，但是大家不要被標題打敗，苗博雅對於政治絕對不是這麼悲觀，她為甚麼會用到「違反人性」這樣的詞呢？大家不妨自己去看看，你會大開眼界的。

青年參政，當然是社會的希望所在。但是在參政之前，要先了解政治工作在幹嘛，才不會帶著太多的玫瑰色幻想進入，然後帶著破碎的心退出。這本書，可以看做是給那些想投入政治的年輕人的一本入門參考書。

三・「二二八」真的不會再發生嗎？

有一年的「二二八」紀念日，我曾經在臉書上發表了一點感想。我說：

今天是「二二八」紀念日。我想，作為「六四」的經歷者，對於「二二八」，我們更能夠感同身受。我們更能體會到，那種不分青紅皂白的屠殺帶來的恐懼，是如何可以感染到整個國家；那種白色恐怖的陰翳是如何毒化，侵襲社會健康的靈魂；還有那些有冤無處伸張，看不到希望的盡頭而產生的壓抑，摧殘了多少年輕的生命。是的我們更能體會到，國家暴力對一塊土地的傷害一經造成，就不是那麼輕易就可以消弭的。仇恨、悲痛、壓抑，這樣的歷史傷口，久久不能癒合。所以我們更知道，這樣的歷史，不管過去多少年，都不應當被忘記。因為這道傷口太深，需要世世代代引以為戒。願「二二八」的亡靈們安息。願天下再不會有「二二八」與「六四」這樣的悲劇。

這篇感言當然引起一些網友的討論，其中有一則我覺得比較有代表性。那位網友說：「二二八是不可能再發生了，但是六四就難說了。」「六四」是不是會再發生不是本文討論的重點，我的問題是：

「二二八」真的不會再發生嗎？

當然，就一般常識來說，在臺灣再次發生「二二八」慘案的可能性確實微乎其微，畢竟臺灣已經某種程度上進入了民主化階段，那種獨裁政權用國家暴力殘害社會的行為對於現在的人來說，恐怕連想像都無法想像。然而，這樣的判斷其實僅僅是基於感性，並非理性判斷，也缺乏邏輯支撐。而我們對於一個問題下判斷，還是應當回歸到理性和邏輯上來。

就邏輯而言，沒有發生的事情，我們本來就不能在缺乏明確而充分論證的前提下，就進行絕對的判斷。嚴格地講，對於未來而言，什麼事情都是可能發生的，這一條因為無法證偽，因而幾乎是無可置疑的公理。而從經驗的層面看，歷史的倒退在人類發展的長河中，並非罕見。大家不要忘記，黑暗的中世紀，就是發生在文明相對更加發達的希臘時代之後。

沒有道理說歷史一定是線性前進的，因此，說「二二八」就一定不會再發生，在邏輯上就是不通的。

而更需要指出的是，理性還告訴我們，正是這種「不會再發生」的心態，反而有可能提高「再發生」的可能性。這個道理很簡單：類似「二二八」這樣的國家暴力，本身是依附於國家的存在而發生的；國家作為合法的暴力擁有者，使用暴力永遠是它的選項。為了防止「二二八」這樣的慘案重演，我們必須在制度上對於國家行使暴力給予種種的限制，這些限制，就是民主制度的一部分。然而，這樣的限制要施加於國家，前提是我們對國家或者說權力，要永遠保持警惕，我們要永遠銘記並且相信，國家作為必要的惡，其本質是惡的，所以我們要隨時提防它濫用權力。因此，如果「不會再發生」成為全民共識或者人群的習慣思維，對於濫用權力的警惕自然就會降低，對於國家權力限制的必要性，在民眾心中就只會逐漸鬆懈而不會逐漸加強。這樣的發展，當然只能增加，而不是削弱國家暴力再次發生的可能性。中國的發展就提供了鮮活的例子：一九八〇年代的改革開放，使得當時的很多人也覺得，「文革」不會再發生了；然而不久之後的一九八九年，就發生了「六四」。我們從中得到的教訓就是：歷史不會簡單地重演，如果我們放鬆警惕，歷史會用另一種面孔再次出現。

這個教訓，臺灣也應當借鑑，不是嗎？

四・給公民組合的三點建議

三一八學運前，律師林峰正、學者黃國昌、作家林世煜等，在林義雄先生的鼓勵下，宣布籌組政團「公民組合」，以結束國會一黨獨大為政治訴求，引起外界矚目。隨後學運風潮捲起，帶來的一個直接後果，就是以學運幹部為主力的「島國前進」、「民主鬥陣」等新的公民團體紛紛成立。台灣的民主政治，進入了公民力量主導社會議題的階段。我應邀參加過「公民組合」的一場座談會，以下是會上我對「公民組合」，以及其他公民團體的三個建議：

第一、要面對中國。不管台灣的未來在哪裡，都不可能完全隔絕與中國的關係。至少在目前階段，與中國的關係，或者中國因素，都對台灣的社會經濟政治發展產生巨大影響。如何面對中國，論述權不應當留給政黨和政府去行使。最近施明德等人嘗試提出新的中國政策，說明台灣內部有這樣的需求。因此「公民組合」等民間團體，應當針對如何因應中共的統戰和滲透，如何與中國的公民社會互動，如何看待兩岸關係的長遠發展等問題，代表台灣的公民社會，提出自己的主張。

我個人特別建議的是：中國發展模式，是資本主義發展邏輯的惡性演變。從全球資本主義發展的角度，結合台灣的實際狀況，對中國模式進行反思與批判，也許是可以思考的一個方向。

第二、要面對世界。台灣的公民社會的力量要壯大，就不能過分內卷化，不能把視野僅僅停留在台灣內部，畢竟今天台灣的很多問題，並不僅僅是台灣自己獨有的問題，而是國際社會共同面對問題的一環。台灣的公民力量應當走出去。在亞洲和歐美諸國，政黨政治固然存在，但是公民社會的力量已經具有堅強實力，他們的發展經驗，值得台灣汲取。另一方面，國際社會有各種跨國的人權、環保、言論自由等等非政府組織，他們關心其他國家和地區的相關議題由來已久，「公民組合」等台灣的民間團體如果能夠與他們建立起戰略同盟關係，當然會強化自己的力量，擴大發展的視野。

我個人特別建議的是：在面向世界的部分，尤其應當注意與港澳的公民力量結合。雙方具備類似的問題，又面對共同的對手，只有彼此合作，相互聲援，才能共同壯大。

第三、要面對思想。台灣社會接下來的發展，不可能離得開思想領域的進一步耕耘。今天台灣存在的種種問題和面對的危機與挑戰，並非解決掉政治問題，就可以達成的。在政治的背後，我們看到的是思想資源的匱乏和啓蒙工作的落後。一九八〇年代的台灣，知識的傳播與引進風起雲湧，文化討論氣氛空前活躍，那是那個時代的台灣能夠前進的重要動力。但是現在的台灣，學界帶有問題意識和現實關懷的大規模思想論戰已經很少見到，知識與社會脫節的現象令人擔憂。「公民組合」等公民團體中，有不少成員是知識界人士，希望他們可以結合台灣現實問題，更加積極地，有組織地引進外界思想資源，同時進行自身的思想建設，並通過種種方式把這些思想傳播到社會中。

我個人特別建議的是：公民力量應當進入校園，引領關心社會的青年學生，在熱情和理想之外，通過開設相關課程等方式，加強自己的知識基礎。只有建立在堅定的思想的基礎上，社會運動的熱情才可能延續下去。知識份子應當大規模進入校園，重新啟動新一輪思想啓蒙運動。

五・請用邏輯說服我

在太陽花學運期間，社會圍繞社會運動的策略產生各種不同的意見。有的人贊成學生佔領立法院的作法，有的人反對。反對方最常見的說法，就是「如果有不同意見就採用佔領立法院的方法，那以後大家一有不同意見就佔領立法院，政府還怎麼運轉？」這樣的質疑聽起來義正詞嚴，也似乎很有道理，但是其實完全錯誤。

錯誤之處主要是缺乏邏輯基礎。讓我試著來分析一下：如果我們把「如果有不同意見就佔領立法院」當作A，「以後大家一有不同意見就佔領立法院」當作B，「政府還怎麼運轉」當作C，這裡的推論過程就是「因為A導致了B，而B導致了C，所以A也導致了C」。這裡的邏輯錯誤在於，雖然B導致C可以成立，但是無法證明A導致了C。因為A導致B這件事是無法證明的。

換句話說，如果你要證明「有人佔領立法院，就會導致大家都會去佔領立法院」的話，你首先就要證明「大家一有不同意見就會去佔領立法院」這件事能夠成立，如果你不能先證明這件事情一定會出現，就沒有根據去指責今天太陽花學生們佔領立法院會導致政府無法運作或者天下大亂。而你能證明「因為有人佔領過立法院，所以以後動不動就會有人去佔領立法院」這件事嗎？當然不能。

因為第一、這根本就是假設性的問題。未來會不會有人動不動就去佔領立法院，這是誰也說不準的事情。你不能用一個不確定的前提，來對現實進行確定性的判斷，這是最基本的常識。

第二，這樣的說法完全忽略了太陽花學運背後反映出種種積累而成的社會矛盾。事實上，這一次學生佔領立法院的行動，是得到了相當廣泛的民意支持的，這從全台灣各校學生雲集立法院外場，各種媒體的民調，五十萬人的上街，知識界和社運界的力挺，國際媒體的正面評價，在在都可以證明。即使是作為抗議對象的馬政府，也一再強調「肯定學生對社會的關心」。

學運訴求揭示出人民對代議制的不信任，對兩岸關係發展態勢的擔憂，以及對社會不公平的不滿，使得他們得到了這樣廣泛的支持。這，才是他們能夠佔領立法院成功的關鍵。如果學生佔領立法院的目的就是為了個人目的，請問會有這麼多力量的支持嗎？沒有這樣的支持，他們的佔領行動可能成功嗎？答案當然是否定的。所以，問題不在於佔領的行動，而在於這個行動背後人民的呼聲。

要出現佔領立法院這樣的行動，不是誰都可以做得來的，這要具備幾個條件：一、確實不是為了私人利益。二、確實表達了廣大人民的呼聲。三、行動本身得到外界的高度認同。四、組織者也願意承擔衝撞法律的刑事責任。請問，這樣的條件，有幾個人、幾項行動能夠具備？那種「以後大家動不動就會去佔領立法院」的假設根本就不可能成立，這只是無限誇大，只是對他人的恐嚇，或者自我恐嚇而已。

其實，這樣缺乏邏輯基礎似是而非的論點所在多有。比如「如果允許遊行示威的自由，那人民天天上街怎麼辦」（誰有那個時間天天上街啊！）「要是允許新疆獨立，那山東是不是也可以獨立」（人家山東幹嘛要獨立啊？去趟山西就要辦護照誰願意啊！），等等。這樣的邏輯根本問題就是：用很少可能會出現的極端情況，去否定一個基本價值的普遍合理性。還有什麼，比這個更荒謬的嗎？

如何評價學生佔領立法院的行動，可以有不同觀點，我也很願意聽取。但是，請你用邏輯說服我，不要瞎掰。按照邏輯討論問題，是強化台灣內部民主的重要途徑，大家不可忽視。

六・給民進黨的生日贈言

一九八六年九月二十八日，臺灣一批追求民主，反對專制的黨外人士組成了民主進步黨，開啟了臺灣政治發展的新階段。一轉眼，三十三年過去了，台灣的政治有了天翻地覆的變化，每一個變化，都有民進黨參與在其中。我知道，對於這個黨，很多台灣人心中有複雜的心情和情緒。從阿扁執政八年到小英上台的這短短幾個月，很多人對民進黨有種種的怨言，踩在進步位置上的社運人士和很多知識份子，更是已經開始對民進黨持批判立場；今天的年輕世代，對民進黨已經沒有太深的感情，他們說不定對國民黨更有感一些——當然是負面的有感。

但是我們還是不應當忘記，沒有民進黨，就不會有今天台灣的民主發展，這是無法抹煞的歷史事實。民進黨自己不應當永遠依賴歷史上的貢獻，但是台灣社會不應當忘記，當年的民進黨人士是如何冒著生命的危險，為臺灣爭一片明亮的天空；多少民進黨人為了臺灣的進步，付出了慘痛的代價。今天，當一些人振振有詞地譏笑和抨擊民進黨的時候，他們也應當想想，當民進黨人為臺灣前途打拼的時候，他們做了什麼？當年輕世代看不起民進黨的時候，他們應當知道，他們今天有公開嘲笑執政黨的自由而不必有任何恐懼，這個「政治小確幸」的得來，有民進黨的努力在其中。

如果有人說我是在為民進黨唱讚歌，那你就錯了，我沒有任何必要拍執政黨的馬屁，否則我前幾年對國民黨的態度就會溫柔很多。我只是從歷史事實出發，希望臺灣社會，知道自己是怎樣，一步步走到今天的。不管我們對民進黨有多少的不滿甚至鄙視，只要我們尊重歷史，我們都應當在九月二十八日這一天，對民進黨說一聲：生日快樂！

從一九九九年第一次到臺灣至今，我親眼目睹了民進黨最近十七年，從政黨輪替到幾乎一蹶不振，然後東山再起的跌宕起伏，作為一個觀察者，當然有很多感想；我也不諱言，我有很多朋友，是在民進黨內；作為朋友，也應當在對方的生日之際，有所建言。所以，在民進黨三十歲生日之際，我也有幾句話要說：

本文寫於二〇一六年

首先，民主進步黨的名稱中，排在最前面的就是「民主」二字。民主，應當是民進黨最重要的神主牌。不管執政還是在野，不管面對怎樣的政治和經濟環境，守護臺灣的民主，弘揚民主的理念，應當是民進黨的主要使命。不錯，經濟發展是每一個社會的普羅大眾最關心的事情，但是執政黨和社會的領袖，必須嚴守民主的底線，不能讓經濟利益凌駕於民主之上，不能為了經濟發展犧牲民主。否則，還叫什麼「民主」進步黨呢？

其次，「進步」，是這個黨第二重要的訴求，也是民主進步黨對臺灣未來的承諾。怎樣使臺灣在進步的方向上繼續前進，是民進黨必須嚴肅思考的問題。這裡我們所說的進步，當然不是GDP的增長，否則的話，臺灣是在國民黨時期經濟起飛的，如果經濟發展就是進步，民進黨和國民黨就沒有太大區別了。真正的進步，應當是一個社會朝著文明的方向邁進，是觀念上的進步，是文明水準的提升。民進黨應當在諸如分配正義、環境保護、同性平權等問題上發揚建黨時期的精神，不計代價，積極推動，否則，還叫什麼民主「進步」黨呢？

最後，還有一個小小的建議：民進黨已經三十歲了，這三十年來民進黨的歷史就是台灣歷史的重要一部分。民進黨有責任有義務把三十年來的民進黨發展歷史整理出來，這不僅是建構臺灣集體記憶的重要工程，也可以為其他國家和地區的反對運動提供很好的借鑑。三十歲，是時候編寫自己的黨史了，否則，缺少了歷史記憶和歷史檔案，還叫什麼民主進步「黨」呢？

七・關於解嚴，我們應當知道什麼？

前不久臺灣紀念「解除戒嚴」三十週年，可惜的是，就像很多事情一樣，這個紀念也只是在媒體上熱鬧了一、兩天，就隨風而逝了。這是殊為可惜的事情，因為紀念「解嚴」三十週年是一個寶貴的機會，不僅可以讓我們對於臺灣過去走過的歷史有深入的了解，更可以從這樣的歷史中解讀出一些也許對今天的臺灣具有現實意義的問題，例如：關於解嚴，我們應當知道什麼？

當然，關於解嚴，我們首先應當知道事實。總結歷史經驗，沒有什麼比事實更重要的了。前不久還看到有理工科的學生似乎對於歷史這樣的學科很是看不起，這其實只是凸顯了他的無知，因為歷史這門學科的重大意義，就是可以盡可能地告訴我們一些過去發生的事情的真相。如果，連真相我們都不知道的話，一個社會經歷的所有苦難都無法隨著時間化解，甚至會淤積成為仇恨。所以，我們應當知道真相，而且應當知道非常細緻和具體的真相：戒嚴令時期的臺灣，到底有多少人曾經是告密者？他們是誰？現在在哪裡？那個時

本文寫於二〇一七年

期的臺灣，是怎樣通過全面的洗腦教育，讓年輕人對歷史一無所知的？又是通過什麼樣的具體做法，讓知道歷史的人不敢講話的？這些，我們都應當知道。

其次，「解嚴」已經過去三十年了，我們應當知道，長達幾十年的戒嚴令為甚麼最終會被突破？我們應當知道，除了臺灣本土民主力量不斷撞擊威權統治的基礎以外，國際社會的關注與壓力，海外台灣人不懈的努力，以及國民黨內部的分化與矛盾，都是「解嚴」得以實現的重要條件。現在，很多人仍然在感念蔣經國「解嚴」的歷史功績，這其實也並非全然不對，個人的因素在歷史上往往起到關鍵作用。但是，這麼大的歷史事件，如果我們只是把它簡化為一位政治強人的心意變動，我們就無法實現內心的民主化，我們就會繼續把很多的希望寄託在英明的領導者身上而不是自己身上，這不是民主理念，這是威權思想。如果是這樣，戒嚴令雖然解除三十年了，但是它還是活在這個社會的心態之中。大家可以想想看，這是非常可怕的事情。

最後，我們還應當從「解嚴」三十週年的回顧與反思中知道，天下沒有免費的午餐，「解嚴」的實現，其實是很多人的犧牲奉獻造就的。歷史的列車能夠終於開到一個大家期待的拐點，這固然值得慶幸，但是我們應當知道，一路而來的列車下，每一米的鐵軌，都是很多的逝去的生命、無數失去的青春，還有那些陰暗籠罩的日子共同鋪墊成的。光榮的背後，有著太多的淚水，而今天，還有多少人看得到那些淚水呢？今天紀念「解嚴」，世界已經煥然一新，正是因為如此，我們才更應當知道過去的歲月是多麼的艱難，更應當知道今天的成果曾經付出了怎樣的代價。我們要知道這些，不僅僅是因為我們應當記住那些為了「解嚴」這一天的到來而付出代價犧牲死去的那些先輩們，更是因為，只有當我們知道了今日成果的獲得是多麼的不容易，我們才會更加珍惜。

關於「解嚴」，我們應當知道的還有很多，包括不管多麼艱難，民主最終會戰勝威權；包括威權的瓦解是如何一步步形成的；包括對於歷史的假設：如果沒有「解嚴」，今天的臺灣會是什麼樣子；包括「解嚴」三十年後的今天，臺灣的政治，到底進步了多少？

關於「解嚴」，我們還應當知道很多，絕不只是現在媒體上呈現出的這些。

八．威權時代的塑像應當拆除嗎？

前一段時間，我在臉書上和一些網友，圍繞有關「威權時代的塑像是否應當拆除」的問題有過一番討論。說實話，我還滿驚訝地發現，在台灣，真的有不少人會覺得，其實不必要拆除舊時代的圖騰。理由主要是兩個：一個是「那是一段發生過的歷史，留下來也是一種歷史記憶，可以提醒人民不要忘記那段威權的歷史」，另一個是「社會需要和諧，轉型正義固然應當，但是儘量不要過分刺激對立一方」。這兩個理由聽起來都很有道理。但是，我們這個世界上有很多事情，不是非黑即白的，上述這些「不必要拆除威權時代的塑像」理由固然有道理，但是與此同時，很可能，「應當拆除這些威權時代的塑像」那一方，也很有他們的道理。

拆與不拆，都有道理，這是非常可能的事情，那麼，到底拆還是不拆呢？這雖然最終是執政者應當承擔的決策責任，但是我認為，最重要的，還是讓不同意見的雙方都能充分表達自己的觀點。例如我，雖然承認剛才的那兩種理由都有道理，但是仍然覺得，威權時代遺留的很多歷史痕跡，尤其是塑像，應當拆除。為甚麼呢？讓我們先來看看其他曾經經歷過威權統治國家的例子。

據BBC報導，去年，東歐前共產黨和一些獨聯體國家陸續拆除境內的前蘇聯領導人和蘇軍塑像。對此，有影響力的波蘭民族紀念學院發表聲明，稱讚和感激波蘭佩尼須諾市政府拆除位於市郊的蘇聯紅軍將領切爾尼亞霍夫斯基的塑像。這家以調查和研究前共產黨政權犯罪歷史聞名的機構同時呼籲波蘭其他地區跟進這一舉動，繼續拆除蘇聯紅軍塑像。該院副院長烏克里斯基說，拆除這些塑像不是反俄行為，而是波蘭在清算自己過去的歷史，因為這些塑像是外來專制機器奴役波蘭的象徵。他認為，波蘭有不少揭露共產黨政權紅色恐怖的博物館，這些博物館都會非常樂意接收被拆除的塑像。與此同時，其他東歐前共產黨和獨聯體國家也都紛紛拆除蘇軍塑像。亞塞拜然首都巴庫看不到任何一尊同蘇聯有關的塑像。烏茲別克斯坦首都塔什干的一些蘇聯塑像也被拆除。愛沙尼亞二〇〇七年把位於首都塔林市中心的著名蘇軍戰士銅像搬遷到了郊外的墓地中。保加利亞首都索非亞的一尊蘇軍塑像多次被人塗上油漆。烏克蘭也在繼續推倒列寧和其他蘇共領導人的塑像。

為甚麼要拆除這些威權時期的塑像？波蘭那位學者烏克里斯基說得好，因為那些塑像是一種「象徵」，代表著壓制、專權和奴役。在當初，威權政府建立起這些塑像，並不是為了銘記歷史，更不是為了都市美學，而赤裸裸的就是為了在整個社會營造威權統治的氛圍，而這些塑像，就是「營造氛圍」統治手法的體現。這些塑像本身如今已經成了歷史，那它們就應當到一個社會儲存歷史記憶的地方去。而繼續把這些塑像安置在公共場所，尤其是具有政治含義或者代表國家形象的公共場所，就顯得非常不恰當，因為，有的時候，不動作就是一種動作，不拆除舊時代的威權象徵，就難免會給一些留戀威權的人保留一絲希望和懷念的憑藉。而這，正是轉型正義應當努力避免的事情。所以，拆除威權時代的塑像，本身具有重大的意義，因為他也是一種「象徵」，象徵著舊時代已經過去。只有用新的「象徵」取代舊的「象徵」，我們才會有真正的轉型正義。

九・講述台灣的老故事

我在台灣的大學教書，轉眼也快有七年的時間了，基本上接觸的都是大學部的同學。比較深的一個感觸就是：不知道高中是怎樣教台灣歷史的？因為說起日治時期以前台灣的事情，簡直就是別人家的事情，很少有學生能有基本程度的了解。當然，也許鄭成功的名字很多人知道，但是鄭成功的兒子才是清朝初期台灣真正的統治者，他叫什麼名字（讀者自己可以考一下自己）？就很少有人知道了。日本統治時期有一位總督，在他的任內，台灣的現代化進程開始推動，這位總督是誰（請讀者再考自己一下）？有人還叫得出後藤新平的名字嗎？

前不久有一位網絡名人批評台灣的學生沒有國際觀，因為很多人不知道希特勒是德國人，雖然希特勒出生在奧地利，到底算哪國人也是有討論空間，可見這位名人的國際觀也是有待商榷，但是總體來講，他的批評也沒有錯。可是我是覺得，比起缺乏國際觀來說，台灣年輕人對於台灣過去的歷史所知甚少，問題其實更嚴重吧？尤其是對於新生主張台灣主體性的世代來說，沒有完整的歷史記憶，要如何去建立文化認同的歷史基礎呢？因此我覺得，要做好台灣本體的文化建設，讓台灣的年輕人更加了解更久遠一些的，日治時期以前的台灣歷史，其實是非常必要的一件事情。

有「藏書界竹野內豐」稱號的台灣文史學者黃震南最近出版的《台灣史上最有梗的台

灣史》一書，或許可以在加強台灣年輕人對於台灣古代歷史的了解上做出一些貢獻。這倒不是因為這本書多麼的權威和學術性，恰恰相反，而是因為這本書的敘述風格和選取的角度，更能夠迎合年輕人知識吸收的胃口。為甚麼這麼說呢？第一、這本書跳脫了過去的歷史教科書沈悶不堪的歷史大事紀式的格局，不是羅列一系列歷史沿革、時間地點人物、歷史事件的影響之類的宏大敘事，而是挑選了一些有趣的歷史故事，彷彿一些歷史的邊角料一般，但是引人入勝。用作者的話說就是：「在時光走廊閒逛時，駐足停下，從牆縫中偷窺一些鮮為人知但真的引人入勝的小玩意」，拿來分享給讀者。例如，你知道為甚麼今天在嘉義、台南、高雄一帶，還有番茄切塊沾薑末醬油吃，芒果沾蒜蓉吃的習俗嗎？那是因為這兩種水果其實都是荷蘭人佔據台灣的時候引進的外來水果，台灣當地人吃不習慣，才沾這些醬料來調適口味的緣故。有意思吧？有意思的故事才會有人看，不是嗎？

第二、作者是資深的ＰＴＴ鄉民，所以在書中用了大量的鄉民梗。你可以說這本書是一本講述台灣老故事的書沒錯，但是，你要是說這本書可以拿來當作一本鄉民梗的辭典來學習，我覺得也是可以啦，書名就叫做《台灣史上最有梗的台灣史》嘛！這樣的效果就是使得一本講述古早歷史的書，本應讓人蹙眉撫心、認真閱讀的，但是這本書卻是讓我邊看邊笑，甚至笑出眼淚來。例如書中說到鄭成功是一位型男的時候，提醒讀者說，你要是不信，去拿鄭成功跟朱元璋的畫像比一下就知道了（各位讀者，你需要真的去比一下，才知道為甚麼那麼好笑）。這麼多對於ＰＴＴ鄉民來說親切無比的梗在其中，想必那些年輕讀者讀起來自然興味盎然。對於一本書來說，至少，能讓人願意看下去是非常重要的吧。

我是一名歷史教師，自然深深知道歷史課本有的時候是多麼枯燥無聊，但是如果歷史可以像黃震南這樣來寫，我想，課堂上打瞌睡的學生會少很多吧。當然，這不是重點。重點是，了解台灣民主化的歷史進程，也是強化台灣內部民主的重要途徑。

第四個建議
讓太陽花繼續開放

一．這次學運中最讓我吃驚的一件事

太陽花學運中，最讓我吃驚的一件事，就是那些參加者中的新面孔。

我到現場觀察了幾次，最大的震撼是：我認識幾個大學一、二年級的學生，他們平時染頭髮，打耳洞，玩神魔，逛東區，去夜店喝酒跳舞，他們絕對不會買報紙，行政院長的名字要遲疑一下才能試探地回答：「是不是江ＸＸ的？」總之，我完全不會把他們跟社會議題聯繫起來。在我看來，他們就是典型的新世代：比起政治來，他們更關心頭髮抓出什麼樣的型才能出門。

然而，在學運現場，我看到了他們。他們不是僅僅去看看，他們居然坐下來，不走了，連續好幾天；他們也不僅僅是行動，他們也思考，開始在ＦＢ上轉各種關於服貿的文章。而在三三〇那一天，五十萬人中有更多這樣的族群。顯然，他們不是來湊熱鬧的，而是真心投入。

這太讓我吃驚了你知道嗎？在現場的是林飛帆和陳為廷我完全不會奇怪—不是他們才奇怪呢。在現場的是臺大城鄉所和清大社會所的，我也不奇怪，以前在各種場合都見過一些面孔了──那本來就是他們的田野。可是現在，我突然看到，那些我最想不到會出現的面孔，居然也出現了，居然也成了抗爭者。現場很多人，都是社會運動的第一次參加者。彷佛一夜之間，似乎整整一個世代，突然就換了一張臉。

怎．麼．會．這．樣？

怎麼會這樣？我想至少有兩個原因：

第一、是少數人的堅持，終於帶動了一個世代。正如網絡上流傳的一句話：議會裡的那些同學，他們不只是堅持了三個星期，其實，他們堅持了幾年了。從反媒體壟斷到大埔，從國光石化到洪仲丘案，臺灣有一批關心社會的學生，不管背後有沒有人，一直沒有放棄，沒有停止爭取社會正義。林飛帆和陳為廷只是他們的代表。很多同學沒有參加他們的行動，但是看到了他們的行動，並且在心裡受到感染。這樣的感染，到了太陽花學運，終於開花結果。更多的人決定，這一次，也要站出來了。如果因為人少就放棄，就不會有今天。

第二、是現實，使得他們只能擁抱政治。我們常常講，政治這件事，你即使躲開它，它還是會來找你。這些年，臺灣經濟不景氣，年輕人的生存環境惡化；中國因素的逐漸清晰，更加使得年輕一代對於未來的社會現實，產生擔憂和不滿。他們其實不是那麼熱衷政治，對於代議制、憲政，甚至公民這樣的概念，即使經過這一次的學運洗禮，也不一定那麼有興趣。但是他們可以切身感受到未來的不確定感，這樣的焦慮，使得他們只能轉而面對政治，至少要把情緒宣洩出來。

原因還可以羅列很多，但是結論只有一個：經過這次太陽花學運，臺灣出現了一個新的世代。整整一個世代的年輕人，從此不會再對現實和政治冷漠了；整整一個世代的年輕人，已經具備了公民的素質，他們開始關心政治了。

對於一個社會來說，沒有什麼，比這件事更具有進步性質的了。因為進步，就是要建立在公民參與的基礎上。從這個意義上說，這次學運，是一次極為成功的啓蒙。而那些我剛才提到的新面孔，就是在學運中被啓蒙的。而對於站在學生對立面的統治者來說，沒有什麼比這個更可怕的了，因為他們，等於站在未來的對立面上了。

多年以後，我們回頭來看這次學運，它對臺灣歷史的發展所產生的這個意義，會更加清晰。

二・太陽花開之後呢？

上個世紀初，針對新思潮帶給中國的衝擊，魯迅曾經借挪威作家易卜生的戲劇《玩偶之家》中，女主人公娜拉為反抗家庭束縛而出走的情節，提出一個著名的議題：娜拉出走之後呢？這個議題的深刻在於，激情和理想基礎上的社會運動攪動了歷史風潮，但是更重要的，其實是社會運動之後。如果一場社會運動找不到延續自己的方式，就會如同魯迅對於娜拉的前途所做出的預測一樣，或者墮落，或者回歸。這樣的例子，我們在歷史上可以看到很多很多。那麼，太陽花學運呢？

太陽花開固然燦爛，但是，花開之後，要如何延續？激情的運動結束了，這些問題需要拿出來一再討論。也許，這樣的討論本身，就是運動某種形式的延續。

抗議與革命，基本上是一個「破」的過程，而社會同樣需要的，是「立」的部分；固然，不破不立，但是破了之後，應當就是立了。而在我看來，真正的立，更應當從文化的層面進行。

借鑑中國近代史的歷程也許可以帶給我們一點啓發。在中國近代史上，談到學生運動，大概有人會上溯到一九一九年的「五四」運動，但是我們應當知道，真正改變中國的，醞釀了「五四」學運並在學運後繼續發揮影響的，其實是新文化運動。當時的胡適、陳獨秀、魯迅等人在「五四」前後，把民主和科學的理念通過文學、思想、科學等等活動，傳播到社會中，這些具有啓蒙性質的工作，更加深刻地啟動了中國的現代化進程。如果只有「五四」而沒有新文化運動，學生當時的愛國激情就只能是曇花一現。

臺灣今天遇到的問題，表面上是世代正義、全球化、社會公平、兩岸關係等等，但是在這些問題的背後，更深層的，我認為是文化問題。這次臺灣學運，在種種圍繞具體經貿政策的討論背後，反映出的，是價值觀的不同，和新價值觀的確立。有太多的問題，需要借學運的風潮繼續深入討論：當經濟增長和人民幸福不可兼得的時候，我們應當選擇什麼？當人的尊嚴與物質需求產生衝突的時候，我們要如何確保尊嚴？當七成民意反對服貿協定，而民意代表中的大多數卻投下贊成票的時候，民主到底出了什麼問題？更重要的是，我理解這一次站出來的很多人，尤其是拒絕中國因素的人，是要強烈表達一個信號：我們不要跟你們一樣。但是，當我們拒絕跟別人一樣的時候，我們自己，到底應當是什麼樣的呢？

自我認同的基礎，臺灣主體性的建立，民主的進一步深化，這些都是太陽花學運之後需要去推動的工作，而這些工作的背後，都有一個價值確立的問題。我們知道，價值觀的選擇和建設，不僅需要政治運動的推動與催生，也需要在社會中進行更深的耕耘和挖掘，需要面向更廣大的人群進行啓蒙和討論，一句話─需要文化層面的展開。

回到「太陽花開之後呢」這個命題，我的建議是：臺灣，需要一個以重建價值為基礎的新文化運動，一場文化復興運動。

三・台灣新政治的四個關鍵詞

二〇一四年台灣九合一大選的結果，其意義之深遠，應當不僅僅在於它對二〇一六年總統大選的影響；在我看來，這次大選，是台灣政治發展上的一座里程碑，代表著台灣舊政治的結束，新政治的開始。這種新政治的出現，是台灣民主深化的題中應有之義，它由四個關鍵詞組成。誰抓住這四個關鍵詞，誰就能掌握新政治的能量，引領新政治的風潮。

第一個關鍵詞是青年。在舊政治的概念裡，青年是弱勢力量，政黨內要論資排輩，投票要聽父母的話，青年在大人的世界裡從政，很難出頭天。但是由於網絡的出現，現在情勢已經改變，青年世代無論從資訊的了解還是從力量的集結上講，都已經是主動引領社會的主流。而國民黨沒有體認到這一趨勢，仍舊把青年世代當作鬧事的小孩子看，甚至與這個世代為敵，不輸才怪。當初行政院前警察過當暴力的一幕，青年族群牢記心中，這一次是君子報仇，十年不晚。後悔的國民黨欲哭無淚。

第二個關鍵詞是公民。政治文明發展到一個階段，選民就不會再用政黨傾向來決定選票投給誰，大家會越來越看重候選人的政見和個人特質。臺灣二、三十年的民主化過程，到今天已經走到了這個階段。試圖用政黨對立、藍綠對立來拉攏基本盤，這幕老戲碼早在陳水扁世代就失靈了，早就該收場了。但是國民黨實在是落後時代太遠，在這次臺北市長選戰中，還是要激化藍綠對立，甚至把中華民國都要牽扯進來。一個城市首長，讓交通不要堵塞遠比延續中華民國的命脈重要。這個道理不懂，結果就是激怒了中間選民，否則哪裏會輸這麼多。

第三個關鍵詞是網絡。未來的新政治，主要的話語權就是會體現在鄉民的態度上，資訊的流通使得知識的獲得已經不是那麼專業的事情，網民的意見越來越具備影響力和代表性。國民黨在台北市這一次犯的一個大錯，就是找了一個長期跟鄉民對抗，在網絡上幾乎是公敵的蔡正元來當競選總幹事，這一招就等於得罪了三分之二的鄉民，那還選什麼啊？網絡的影響，其質量或許見仁見智，但是其沛然不可抵禦的氣勢，已經展現出來，這對於傳統政治構成極大的挑戰。

第四個關鍵詞就是參與。太陽花學運的一個歷史意義，就是為臺灣催生出了一個參與的世代，那就是太陽花世代。從這一代人開始，參與已經不僅是責任，而且成了義務。舊政治是精英政治，小圈子政治，或者政黨政治；但是在參與擴大的趨勢下，新政治勢必要開放政治空間，讓任何人都有對政治發揮影響力的可能。誰能提供更多參與的可能性，誰就掌握了新政治上的優勢。柯文哲現象，說穿了就是臺灣政治進入公民政治新階段的象徵，當政治不再是少數人的事情時，政治就會逐漸轉化為另一件事情，叫做公共事務。

總之，經過這次大選，我們已經看到了臺灣新政治的雛形，那就是：青年世代以公民的身份和精神，通過網絡，參與到公共事務中。面對這個新政治，順之者昌，逆之者亡。

四・再回首，太陽花學運

被稱為「太陽花學運」的三一八事件過去一週年了，這個事件對臺灣的影響之深遠，在去年的九合一大選中已經令世人驚歎。其實，隨著時間的繼續延長，我相信，太陽花學運還會繼續以更進一步的影響，彰顯其在臺灣歷史發展中如里程碑一般的意義。這是任何那些在學運期間龜縮不語，學運之後，尤其是有關學運的一些負面消息出來之後，才冬眠甦醒一般開始叫囂攻擊的蛇鼠之輩所不願相信，但是早晚會面對的。有點為他們感到悲哀。

言歸正傳。前不久我應邀參加中研院社會所舉辦的系列太陽花學運回顧與反思討論會的最後一場，針對從太陽花學運中我們可以總結出的運動策略，提出了自己的幾點看法，現在整理如下，與各界商榷。

我認為這樣的總結很有意義，道理很簡單：未來的臺灣，勢必還會爆發類似的公民運動，因為這本來就是民主深化的必然現象。因此，如何讓未來的運動取得更大成果，運動策略就顯得至關重要。就此，回顧太陽花學運，我的看法是：

第一、在一場公民運動中，各種不同政治力量的協調是必要的，我們不能因為運動目標的純潔性，就迴避政治操作。尤其是當單純的學生運動開始因為各界的支持和介入轉化為全民民主運動之後，再以學生運動的思維指導全民民主運動，排斥任何政治操作，就是不合時宜的了。就此，蔡其達提出「三一八不是學運」的觀點，值得思考；

第二、任何一場公民運動的成功，很大程度上取決於提出的訴求是否適當，是否合理，是否有民意支持，以及是否精確拿捏尺寸。太陽花學運的整個過程中，越往後發展，訴求的部分越顯得步伐凌亂。如果不是對手的陣營出現重大政治變化，是否能夠如此順利收場令人擔心；這是值得汲取的教訓。

本文寫於二〇一五年

第三、太陽花學運出現了陳為廷、林飛帆等學生領袖，事後在檢討時，這兩個人受到很多的品評，最多的意見就是所謂「造神」運動。但是我認為，一場公民運動，出現廣受關注的帶頭人物，尤其是當時這些人物擁有良好形象的前提下，這不僅是運動成功的有利條件之一，也是不可避免會發生的現象，更是這場運動能夠被記憶和流傳的重要因素。「造神」一說，對於其實已經篳路藍縷、默默無聞地衝鋒陷陣了很久，因此才在太陽花運動中一舉成名的學生領袖來說，是不公平的，也會打擊未來新的領袖人物冒頭的積極性。

第四、太陽花學運很重要的一個影響，就是進一步深化臺灣新世代的自我認同。但是，所有的認同都不能僅僅建立在於他人的區別上，而應當更深化對自我認同的建設性工作。以太陽花世代而言，新的認同不能僅僅是族群上的認同，也應當包括「社會正義」、「公民與國家的關係」和「世代更替」三重意義上的認同，這些認同的建設，應當是後太陽花時期的著力之處，太陽花的精神才能得以傳承。

第五、太陽花學運之後至今，當初積累出學運能量的各個學校中異議社團的骨幹，很多開始走出校園，介入到社會政治事務中，或組黨，或建立社團，或參選，這固然是值得肯定的事情，但是我要特別提醒的是：太陽花學運能夠激起浪潮，很大程度上，是青年世代，尤其是在校學生的積極而廣泛的參與，而這樣的參與，是各個異議社團長期耕耘的結果。大學，始終是公民運動和學生運動的大本營和後備基地，不能輕易放棄。因此不管是知識份子，還是原來的學生運動骨幹，應當有一部分回到校園中繼續深耕，鞏固臺灣民主的後備基地，繼續積蓄未來民主運動的能量。參政固然重要，校園的積累更是長期的基本工作。

以上就是我作為一個旁觀者，對太陽花學運反映出來的公民運動和學生運動應有的策略選擇之回顧和反思，因為篇幅所限，只能簡略說明。且純屬個人意見，僅供各位參考。

五・對台灣公民運動的看法

台灣最近幾個月接連發生大規模的公民抗議活動，發展到反大埔強拆的運動，已經鮮明地提出了非暴力不合作的公民抗命主張，並以佔領內政部的行動進一步落實。與此同時，也有人對這樣的公民運動提出質疑，甚至有人主張「統統抓起來」。不同的看法其實反映出，台灣的民主政治在進一步深化的時候，必然要澄清的一些社會意識問題。

有些人批評公民抗命運動，理由無外乎就是「不應當手段激烈」啦，「不要妨礙交通」，「要理性」等等，我認為，這其實才是最大的理性盲點：他們總是習慣指責別人不

本文寫於二〇一四年

該如何，卻很少願意去問問別人為何如此。原因很簡單：一味批評很容易，平庸的人就做得到；而了解為什麼不容易，平庸的人不願意努力去了解。

這，就是漢娜・鄂蘭提出理論的現實版：平庸的邪惡之處。因為：

凡是這麼說的人，都應當回答三個問題：第一、你所謂的「理性」方式，具體到底是什麼啊？第二、如果你說的這些「理性」方式，「不對抗」方式，根本沒有用，那要怎麼辦呢？第三、這樣的「理性」，「不對抗」的方式，你自己有去做嗎？成效如何呢？如果答不出這三個問題，那麼，這些批評，其實就是無的放矢。而阻礙社會進步的，就不僅僅是強大的僵硬體制，也是這些表面上看起來溫和理性，實際上起到維護體制作用的理盲者！所謂邪惡，就是針對這種「實質的維護」而言。

當然，不僅僅是批評，也要去了解，這一點同樣也適用於社會運動的參與者。因為，每一個要去面對和克服的體制，都不是簡單的外觀的樣貌，它之所以能變成社會進步的阻礙，背後一定有盤根錯節的肌理存在。如果不深入了解是什麼導致了體制的現狀，所有的抗議也是一種無的放矢，不可能進擊到問題的核心。激情當然是一種衝擊力，但是解決問題，更需要的是抓住問題的關鍵，當然也包括提出解決問題的方案。

此外，最近幾波的公民行動，展現了一個公民社會的良好氣質，那就是互助。而互助，本身就是民主制度的基本設計之一。

一八三一年，托克維爾出訪美國。他發現，美國人幹一點小事也要成立一個社團。他認為，結社自由、言論自由是公民行動的保證，並為防止那種踐踏人類尊嚴的獨裁的官僚統治提供了手段。而在一個民主國家裡，「全體公民都是獨立的，但又是軟弱無力的，他們幾乎不能單憑自己的力量去做一番事業，其中的任何人都不能強迫其他人來幫助自己。因此，他們如不學會自動地互助，就將全部陷入無能為力的狀態。」

無論是洪仲丘案，還是大埔案，起來表達關注的人，實際上表現的就是這種「他人的事也是我自己的事」，「今天我漠視，明天的受害者也有可能就成為我自己」的意識，這樣的意識形成，是公民社會最重要的基礎之一。因此，最近的公民抗命，我認為，代表著台灣民主化過程中，公民社會的進一步成熟。

六・「三一八」五週年感想

五年前的三月十八日，一群關心台灣前途的青年人衝入立法院，掀開了一場轟轟烈烈的太陽花學運。時間過得很快，轉眼，就已經是五年前的事情了。五年前，我還在台灣，就住在台北，行政院前學生被警察打得頭破血流的一幕至今難忘，至今還感到震撼。而台灣的歷史，從那一夜也開始改寫了。

在我看來，三一八學運最大的歷史意義，就是培育出了整整一代新人，我們成為「太陽花世代」。五年來，這一代人也有不少的分化，也引起過很多的質疑，但是我仍然認為，這一代人的出現，對台灣的未來來說意義重大，因為這是一個已經習慣了反抗和參與的世代。

我知道五年過去了，還是有很多人對當年這個世代的人採取的激烈抗爭姿態不以為然，哪怕其實他們在享受那樣的激烈抗爭的成果。但是，歷史證明，任何一個國家或者民族的進步，都有賴於這樣的國家愛，或者這個民族有那麼一批人，他們充滿叛逆精神，隨時準備挑戰體制，並把這當作是參與的方式。諾貝爾文學獎得主格拉斯曾經發表過一個演講，題目是〈學習反抗，進行反抗，敦促反抗〉，在演講中他指出，除了健全議會制度以外，仍然需要良心的呼籲和真理的抗爭，這就是知識分子的作用。他特別強調抗爭，他說：「我們總是錯過反抗。德國的歷史是一部錯過反抗的歷史。」他認為，希特勒政權所以得以鞏固，不是因為它有多麼強大，而是在於對手的軟弱，缺少反抗的決心。他提出，每一人應當擁有「抵抗的權利」。

街頭抗爭，行使抵抗的權利，這不是循規蹈矩的事情，正因為如此，難免有不那麼成熟圓滑，不夠老成世故的部分，也容易產生有爭議的行為。在席捲歐洲的五月風暴中，巴黎學生走上街頭，高呼：「寧願與薩特走向謬誤，也不同阿隆共享真理。」薩特是左派學者，學生的思想導師；而阿隆是右派學者，但看問題更加穩健成熟。不管歷史後來是如何驗證了薩特的謬誤和阿隆的真理，但是沒有人會批評當時學生們的那句口號。因為那樣的口號，表現的就是一種叛逆，而不是順從；表現的就是與體制對立，而不是一味地守法。

波蘭猶太學者鮑曼在《現代性與大屠殺》中，從另一個角度闡述了反抗的意義。他的著作專門研究大屠殺是如何發生的，而他的結論是：大屠殺昭示出，人類記憶中最駭人聽聞的罪惡，並非一群無法無天的烏合之眾所為，而是由身穿制服唯命是從的人完成的；它不是源自秩序的敗壞，而是源自一種完好的秩序統治。書中援引麥克唐納一九四五年的警告說，「現在我們必須提防的是守法者，而不是違法者。」是的，當那些看上去正在違法的人，被認為是破壞秩序的時候，其實他們充其量破壞的，只是秩序的表層，而且很可能還是已經腐壞的表層；但是對於所謂「秩序」最大的衝擊，卻來自於秩序核心中那些循規蹈矩的因素。這些因素表面上看起來溫順服從，具有建設性，甚得體制的歡心，但是當體制最需要透過更新而進步時，他們一無貢獻；當體制開始轉化作惡的時候，他們成為罪惡的共謀。這樣的守法者，其實才是對秩序最大的破壞者。

三一八學運五年了，如果你承認今天的台灣，並沒有變成香港，那麼你就不應當忘記五年前的那批反抗者。

第五個建議

台灣要成為一個進步社會

要守護台灣的民主，抵禦中共的進攻，對於台灣人來說，還有一個重要的任務，那就是：要讓台灣成為一個進步的社會。無論是教育，還是社會觀念，在這些領域的進步，才是民主最重要的基礎和保障。以下，就是我在一些社會議題上的看法，這些看法的核心就是：台灣要如何成為一個進步社會。

一．教育（一）：台灣的兼任教師，待遇太差了

在台灣教書八年，除了比較穩定的客座教席之外，我還曾經在清華大學和東吳大學等校擔任過短期的兼任教師。這讓我親身體認到，台灣的兼任教師，待遇實在太差了。

台灣高教工會的成員曾經到行政院前舉行過抗議活動抗議，他們指出，公立大學兼任教師儘管曾經調漲鐘點費百分之十六，但目前仍舊有兩萬五千名私校兼任教師鐘點費還未調漲，高達四萬五千名兼任教師至今還沒有任何制度保障。對此，我深有同感。就說說我的親身經歷吧。

清大原來專任客座教師的聘約不再續聘以後，我二〇一五年被國立中正大學聘為具有專任性質的客座助理教授。但是因為我原來所在的單位—清大人文社會學院學士班—懇切

希望我能繼續幫忙，所以我同時在清大繼續原來的教學工作，不過改為兼職。改為兼職以後，同樣開兩門課程，一個學期上三十六節課，整個學期的全部薪資，扣除二代健保公提以後，你可以想像嗎？是六萬七千四百七十三元！而且，這不是一個月，是一個學期的薪水。我如果不是五年來對清大人社院的師生已經建立了深厚的感情，如果僅僅是為了維持生計，我是不會願意接受這樣的工作的。我等於是抱著做義工的心情，回饋清大的心情，而留下來的。

必須說明的是，這當然不是清大對我個人的待遇問題，這是教育部對兼任老師的課程鐘點費的規定，一視同仁。而且坦率講，我個人狀況還好，畢竟我還有中正的正職；但是我在這裡要為之請命的，是那些沒有專任工作，只能擔任兼任教師的同仁們。

臺灣還有不少博士畢業的學生，找不到正職，只能兼任，而這樣的薪水，一週要兼任多少節課才可以養家糊口啊！他們只能大量安排課時，四處奔波。前述參加抗議的鄭老師就同時在四家大學擔任兼職工作，只有這樣才能養家糊口。他說，他十五年來首次站出來，是「為了尊嚴」。的確，台灣兼任教師的薪水，確實已經低到不尊重人，損傷教師的個人尊嚴的程度了。這，就是號稱禮儀之邦的臺灣，重視教育的臺灣，對教師的態度嗎？臺灣總是抱怨沒有人才願意來台灣打拚，難道不想想原因嗎？你這樣的薪水，能吸引到人才嗎？

兼任老師擔負一樣的教學任務，一樣的工作壓力，薪水與專任老師相比，有必要差到這麼多嗎？他們跟專任老師相比，付出的勞動是一樣多的，拿到的薪水卻差了很多倍，勞動與報酬完全不對等，這公正嗎？誠然，國立大學的兼任教師鐘點費已經提高，但是，教師這門職業，是可以按照上課的鐘點來計算報酬的嗎？身為老師，我們上課三個小時，可是，只要是負責的老師，備課都是一個浩大的工程，要花費的時間、付出的精力遠遠超過三個小時。如果只按照三個小時的上課鐘點付薪，備課以及回答學生提問，與學生互動等等時間都不需要得到報酬嗎？教師這門職業，不管是專任還是兼任，都不應當視為鐘點工。

臺灣的未來面臨巨大的挑戰，這不僅來自全球經濟的不景氣，也來自中國和韓國的挑戰，而幾乎所有經濟理論都告訴我們，人才的素質，才是產業經濟強勁發展的基礎。這樣的基礎，不是要靠教育來奠立嗎？從這個意義上講，教育，應當是臺灣未來發展的關鍵。可惜的是，教育在臺灣，真的有受到重視嗎？從國家到社會，真的有大量的投入嗎？

一個不重視教育的社會，經濟發展就會逐漸停滯，社會創新力就會逐漸下降，人才就會紛紛外流。這聽起來，不就是台灣的現實嗎？

二・教育（二）：與清大告別書

二〇一〇年九月開始，在陳明祺老師牽線、李丁讚老師的大力支持下，我成為國立清華大學人文社會學院學士班的兼任客座助理教授；二〇一二年二月，我被當時的陳力俊校長聘任為專任客座助理教授；二〇一五年，現任校長賀陳弘決定不再續聘，我應聘到中正大學繼續教書，同時，在清大人文社會學院的挽留下，繼續以兼任教師的身份在清大人文社會學院學士班教書。這樣同時在兩個學校教書一年半，我確實感到體力不支，因此在本學期初就提出了辭去清大兼任教職的申請並獲得學院同意，今天，就是我在清大的最後一節課。今天，我正式離開清大。

時光荏苒，我在清大教書已經六年又三個月了。這六年多，我開設了四門課程，同時義務主持每週的「中國沙龍」，我不敢說我是多麼好的老師，但是我自認為了教學工作是盡力而為的，同學們對我的課程看法，也可以從多次獲得基於教師評鑑的成績獲得校方表揚看出。這六年多，我有幸結識了李丁讚、姚人多、陳明祺、沈秀華、周碧娥、張隆志等優秀的同事，從他們身上學到了很多；同時，也為上過我課的學生中湧現出了陳為廷、魏揚、黃郁芬、沈芯菱等等優秀學生而感到欣慰。這六年多，我感到自己已經成為清大大家庭中的一個成員，我從清大的工作和生活中感受到很多的溫暖，這一段美好時光，已經刻入了我的生命歷程。我相信，未來不管什麼時候，我都不會忘記這一段溫馨的歲月，都會為自己曾是一個清大人而驕傲。

今天，在離開清大之即，我要對清大的校方、老師和同學們提出我對清大的幾點建議，作為最終告別的禮物，也略表我對清大的深深眷戀：

首先，清大到底應當提供什麼樣的教育給學生？一九四一年是清華大學建校三十週年，清大老校長梅貽琦發表《大學一解》一文指出，從心理學的角度來看，人格可以分為「知、情、志」三個方面，教育，應當在這三個方面促進學生人格的成長。我認為老校長的話值得引起校方重視。如今的教育只是注重「知」的灌輸，不重視「情」與「志」的培養，只知給學生灌輸知識，使得學生壓力太大，學校生活不利於人格修養，這就導致梅校長說的「習藝愈勤去修養愈遠」的狀況：造成只會隨聲附和，人云亦云，不敢力排眾議，自作主張的局面。因此，在提高畢業生就業率之外，如何從「情」和「志」的角度提高教育品質，是清大應高度重視的事情。

其次，上世紀初，哈佛大學的勞倫斯・洛厄爾校長把哈佛學院的教育定義為培養學生的社會適應能力。在他看來，日後投身學術生涯的也是少數，不應「將學生緊縮在知識探索的監牢裡」。所以在哈佛，學生宿舍制不是為了學術交流，而是為社會交往創立的。我

本文寫於二〇一七年

對清大的期許，也是希望學校不僅要重視學生的成績，也要重視學生的社會適應能力，應當讓學生在校期間就與社會有更多的互動也應當創造更好的條件，讓學生之間的關係更加緊密，能夠共同成長。

第三、清大作為歷史悠久，享有盛名的教育機構，不應當滿足於理工科的優勢，應當有更大的胸懷，不僅作台灣的清大，也要作華人世界的清大。這就需要清大更加重視自身的公共性，同時加強哲學、邏輯學和歷史的教育，重視和深化人文基礎課程；不僅要鼓勵學生和老師的社會參與，學校本身也應作社會價值的守護者，不應成為社會保守力量的大本營。我們知道，教育，是民主的基礎；沒有高素質的公民，臺灣就不會有進步的民主。在這方面，清大負有不可推卸的社會責任，通過教育培養一代又一代具有公民意識，積極投身社會進步的畢業生。

以上三項建議，是我給清大的告別書。

三·平等（一）：同志平權運動對台灣為什麼那麼重要？

二〇一六年十一月二十八日上午九點，響應同志平權運動團體的號召，我來到青島東路立法院前，既是默默地表達對臺灣同志平權運動的支持，也是希望可以體察到台灣社會發展的脈搏。在現場，我看到上萬名群眾熱情集結，情緒沸騰，他們中，有很多是同志朋友，他們的臉上，充滿了對未來的熱切期待，充滿了因為追求自己的權利而迸發出的熱情。但更重要的是，在他們中間，很多，其實都不是同志。是的，人群中有太多我認識的朋友，他們都不是同志。

就是這一點讓我非常感動，因為我終於看到台灣走到了這一天，那就是，在這個社會中，很多人站出來，不是為了自己的權益，而是為了他人的權益，更是為了社會的進步。這才是倫理學上提出的社會理想狀態—正派社會—的樣子。因此我認為，同志平權這一仗，在台灣的社會發展歷史上是至關重要的一仗。這一仗，是為了同志，更是為了臺灣。

為甚麼這麼說呢？

首先，在圍繞是否修改《民法》，允許同志擁有結婚權利的爭議中，我們看到反對一方發表了種種令人無法忍受的反智論述，進行了種種惡意的操作。針對重大社會爭議性議題，按理說，雙方都應當進行理性的、建立在事實基礎上的辯論，這是取得社會共識最基本的條件。但是我們看到以護家盟為代表的某些極端派宗教團體，他們發表種種類似「法律一旦通過，異性戀就有可能轉變成同性戀」，「同性戀可以結婚，那麼人也就可以跟摩天輪結婚了」，「同性戀的存在會令人類滅亡」以至於把同志比喻為蟑螂等荒誕不經的言論。他們在網路上、報紙上散佈不實的消息，對同志群體進行抹黑；這樣的手段，對臺灣社會的健康發展是極大的威脅。這一仗，如果讓護家盟獲勝，等於助長了惡性辯論的風氣，增加了未來台灣社會取得各種共識的難度。因此，這一仗，是為了同志，更是為了臺灣。

其次，臺灣社會發展，已經建立在民主制度的基礎上了，任何有損這一基礎的行為都是歷史的反動。而我們知道，憲政民主制度的一個重要原則，就是政教分離。臺灣，應當是尊重和鼓勵宗教發展，但是，不能成為一個宗教國家。現在，護家盟等反對同志婚姻的力量，絕大多數都是宗教團體，他們用自己的信仰介入屬於民法的社會世俗事務，這已經嚴重侵蝕到了民主制度的基石。也正因為如此，護家盟等團體明明是宗教人士組成，卻不敢公開打出宗教的旗幟，說明他們也知道這種做法是與現代社會的運行規則不符的。臺灣，已經走到了民主化的今天，不應當倒退到宗教治國，不應當允許任何一個宗教教派用自己的教義強迫其他非宗教人士接受。簡單一句話—臺灣，不應當回到中世紀的矇昧中去。因此，這一仗，是為了同志，更是為了臺灣。

最後，爭取同志平權運動的背後，蘊含了太豐富的價值觀意涵。例如關於傳統：是否只要是傳統的價值觀，我們就只能遵守而不能改變或者質疑？例如家庭：家庭存在的意義真的就只是為了繁衍後代，而不可以僅僅是因為愛嗎？例如平等：到底有什麼理由，可以把同志族群擯除在保護所有國民的《民法》之外，這不是對法律面前人人平等的原則的直接謀殺嗎？例如自由：兩個人因為相愛而希望進入婚姻，憑什麼要有護家盟的同意？尤其是平等和自由，這些基本的民主價值理念，是臺灣民主發展最重要的原則。維護這些原則，事關臺灣的民主發展。因此，這一仗，是為了同志，更是為了臺灣。

我想，以上，就是很多人本身不是同志，但是仍然積極投入同志平權運動，也應當積極投入的根本原因。以上，也就是我認為所有希望臺灣進步的人，都應當支持同志平權的原因，哪怕你不是同志。

四．平等（二）護家盟比扯鈴還扯的四個原因

在關於通婚問題的社會爭議中，護家盟扮演了重要的角色。還記得立法院司法委員會排審議同性婚姻法案的時候，護家盟等團體曾經在四大報頭版，以「一一三〇在凱道上守護家庭幸福的三十萬人」名義刊登廣告「全台家長站起來！捍衛下一代幸福」，號召民眾著白色衣服到立法院抗議。

各種不同意見的表達，在民主社會當屬常態，我完全支持護家盟表達自己意見的權利。但是表達自己的立場，尤其是在這樣的重大議題上，可不可以麻煩護家盟至少拿出一些說得過去的理由，而不要信口開河，危言聳聽，尤其是發表一些聽起來比扯鈴還扯的理由？這不是不讓他們表達意見，而是希望台灣大眾教育的多年努力已經在社會上形成的基本的理性標準，不應當被他們的反智思維拉到倒退的地步。

為甚麼說護家盟反對同志平權的理由比扯鈴還扯呢？有五個原因。

第一、婚姻是兩個人自己的事情，只要不是主張立法規定個別社會成員必須跟自己結婚，那麼結婚到底關別人什麼事呢？每當我看到護家盟的發言人張守一拿著話筒在那裡大聲呼籲不能讓同志有結婚的權利，我都感到莫名奇妙：同志族群從來沒有反對張守一結婚或者離婚，張守一憑什麼管別人結婚不結婚的事情呢？所謂「人不犯我，我不犯人」，同性戀並不反對異性戀有結婚權利，異性戀憑什麼反對同性戀有結婚權利？這不是比扯鈴還扯嗎？！

第二、護家盟動不動就用「一旦允許同志婚姻，人類社會就會滅絕」做理由來恫嚇社會，堪稱當代版的「滅絕師太」。問題是：難道不允許同志結婚，這個世界上就沒有同志了嗎?每個社會中,同志族群都占有一定的比例,人類到今天,有滅絕嗎?如果沒有,為甚麼一結婚就會滅絕?其實,護家盟不是認為結婚這件事問題嚴重,他們根本就是認為同志的存在本身問題嚴重,因為「會導致人類滅絕」。說穿了,按照他們的理念,乾脆只要是同志,都應當拉出去槍斃,這樣人類才能延續。這跟希特勒對猶太人的種族滅絕理論半斤八兩。都什麼時代了,還心中暗藏法西斯情結,這不是比扯鈴還扯嗎?!

第三、護家盟憂心忡忡,認為一旦同志平權實現,社會的價值信念就會被破壞。這理由的荒謬之處簡直比恆河裡面的流沙還多,我只撿拾一粒來說:價值觀是誰確立的?誰有這個權力替社會決定什麼樣的價值觀是必須遵守的?護家盟的人,內心有一個小宇宙,在這個小宇宙中,他們認為他們的價值觀就是社會必須遵守的價值觀,別人都要聽從他們的指導。這不是比扯鈴還扯嗎?請問護家盟的各位,你們是哪位啊!你們憑什麼認為你們就是正確的?我倒是覺得你們成天散佈的言論才是對正確的價值觀的顛覆呢。不過你們放心,我不會主張嚴禁護家盟的成員結婚的,因為我不是你們。

第四、護家盟最扯的地方在於,他們的主張,暗含著一種恐懼和擔憂,那就是一旦給予同志族群平等的婚姻權利,就會導致大家都變成同志。這個擔憂背後的邏輯思考,簡直就是教育失敗的範例。我們只要問問護家盟的人一個問題就好了:假若同志婚法案通過,他／她們會不會第一件事就是把自己變成同志？答案應當很簡單，他們不會嘛！如果他們自己都不會，為甚麼會擔心同志會傳染到每個人？如果有幾個人光腳上街，國家就要立法禁止光腳上街，因為擔心全國人民的腳都磨破皮，這種邏輯，不是比扯鈴家扯嗎？

讓我再重申一遍，我並不是反對護家盟的人反對同志平權。我只是反對他們為了反對同志平權而提出的那些理由，以及這些理由背後反映出的歧視、荒謬和邏輯混亂。拜託護家盟，請加油好嗎？不然「人類會滅絕」的！

五・公共討論（一）：從徐重仁到黃國樑

最近在台灣，有兩個人的言論，引起社會輿論的關注和網絡上的熱議。一個是全聯老總徐重仁一番「現在的年輕人太愛花錢」的言論，一個是《聯合報》記者黃國樑詈罵被北京政府綁架的李明哲妻子李淨瑜的救夫方式是「人渣」行徑的臉書發言。關於這兩個人的發言，評論已經很多，我想試著從另外的角度來做一些討論。

先說徐重仁。我必須承認，他的公關處理相當成功，他迅速做出的道歉聲明寫得漂亮，得到網絡上一片稱讚。但是我還是要提醒大家，徐先生雖然認錯道歉且態度誠懇，但是這並不能抹煞一個事實，那就是：他說的那番話，的確是他的真心話。他確實看不慣現在的年輕世代，覺得他們「有錢旅行，卻不努力打拼」。他道歉，只是覺得他的表達有問題而已。

事實上，我們在台灣社會中不難發現很多類似徐重仁這個年齡的人有類似的想法，徐先生並不孤單。問題是這樣的想法並不正確。且不說是否真的有很多年輕人成天旅遊花錢，重點在於徐先生這一代人創業的世代是幾十年前了，那個時代的人確實非常辛苦打拼，然後也得到成就，造成了台灣的經濟起飛，所以他們看不起現在年輕人的「懶散」。但是時代已經變化了，今天威脅年輕人就業和生活的全球化因素、中國因素、科技發展的因素等等，都是徐先生那一代人沒有面對的。今天的年輕世代，面對的不是如果早上班、晚下班地打拼的問題，而是更複雜的社會結構、經濟制度和國際環境的問題。對這些問題，徐先生顯然不是很了解。在我看來，他最大的問題就是父權思想，用自己的傳統觀點要求年輕人，且認為一代不如一代，他不了解新世代的處境，想當然地認為自己是「恨鐵不成鋼」，想當然地認為自己的想法就是對的。這種標準的父權思想，在台灣至今還根深蒂固。這是造成台灣世代矛盾的一個重要問題，而解決這個問題，應該從上一個世代做起，畢竟，你不能說今天台灣的成就是你們的功勞，而今天台灣的問題，就沒有你們的責任了。這不公平。

但是我必須要說，我認為徐重仁先生的觀點雖然不對，但是他沒有惡意，他只是觀念落伍而已。而黃國樑先生的言論，那就真的是惡意了，因為我們無論如何從「人渣」這個詞種看不出善意。

其實，對於李淨瑜營救丈夫的方式，可以有各種不同的看法，甚至你也可以不認同，也可以公開表達不同意見。但是別人的做法不符合你的主張，那就成了「人渣」，黃先生，你不覺得你太超過嗎？你不覺得自己沒有積口德嗎？我覺得大家都在討論《聯合報》的立場如何，這並不一定是真正的問題，因為立場本來就可以不同。

我想提出疑問的是：在一個弱勢受害者家屬遇難的時候，能罵出「人渣」這樣極為不入流、極為沒有教養的詞，作為一個知識份子，一個應當是有學識的人，黃國樑先生的心中，一定有著無比的仇恨。否則，李淨瑜到底是犯了什麼滔天大罪？她是觸犯了你黃國樑的什麼切身利益了？以致於你要如此惡言相向？就算退一萬步說，李淨瑜有不對的地方，你一個長者，有必要用這樣惡毒的言詞去罵人嗎？所以，我的問題是：為甚麼黃先生心中有這樣強烈的恨？這難道不值得做一些政治學、社會學和心理學上的思考嗎？台灣這個社會，天天有人在喊和解，大家也都希望社會和諧，可是一點做法不同，就張嘴罵人是「人渣」，這樣，台灣社會的撕裂何時才能彌合？而我們至今，也沒有看到黃先生有任何的道歉。

從徐重仁到黃國樑，讓我看到的是，台灣的五、六十歲的這個世代，需要有比年輕世代更多的自我反省。

六・公共討論（二）：網路惡質語言對台灣的傷害

前不久，我客觀地指出高雄市長韓國瑜在參訪美國哈佛大學的行程中，在費正清中心進行的，不是正式的公開演講，而只是閉門簡報會。不管各方對於演講與閉門簡報會的區別有多少不同的見解，我只是陳述一個事實而已。然而，在之後的四、五天時間裡，我的臉書上湧入了大量韓國瑜支持者的留言；我的朋友吾爾開希只是站在我的一邊說了幾句很溫和的公道話，他的臉書也立即被攻陷。

倘若，這些韓粉的留言只是理性討論，其實我非常歡迎。但是正如吾爾開希事後指出的，理性討論的留言幾乎沒有，絕大多數的留言，不是人身攻擊，就是造謠抹黑，更多的根本就是極為下流的惡質語言，完全構成網路霸凌和語言暴力。我可以舉幾個例子：一位叫做「鄭岳鵬」的人留言說：「王丹，你是什麼東西？放狗屁發神經言論，有種跟我辯論，我挑戰你，要不然死得遠遠的，你超級噁心。」還有一個叫做「姜子牙」的說：「可惜的是當初解放軍沒有把你們這些美國的走狗全部槍斃」，另有一個「陳見平」說：「別侮辱老師這兩個字，這種人有啥資格稱老師？在哪個國內院校授課了？」等等等等，不一而足。對於這樣的惡質攻擊，我當然不可能有任何回應，遑論理性討論，只能一律刪除封鎖。

縱覽這些惡質留言，可以看到兩個問題，會對台灣社會造成極大的傷害：第一、大部分語言極為下流和暴力，滿嘴都是髒話和要人去死的恐嚇。語言暴力也是暴力的一種，而暴力不僅阻礙了公共討論的順利進行，對社會的文明程度也是傷害，對台灣孩子的教育也是極壞的示範。這樣的語言暴力本質上來說，是民主的對立面，而我們看到大量的語言暴力存在，再次證明台灣的民主正在面臨嚴重的侵害。第二、類似「陳見平」那樣的網友，根本連我曾經在台灣至少五所大學授課的事實都不知道，居然就可以批評我沒有資格自稱老師；還有更多攻擊我的人讓我「滾出」台灣，完全不知道我根本就不在台灣這樣的基本事實。換句話說，這些惡質語言的製造者們，其實在攻擊他人的時候，連基本的事實都不了解就大放厥詞，這是典型的「反智」行為。我曾經多次說過，反智很可能會成為一種社會潮流，而這樣的潮流對於一個社會的進步、文明與民主的傷害更是不難想像，因為反智現象阻隔了任何理性的可能性。

坦率說，對於我或者吾爾開希來說，我們三十年來，經歷過各種各樣來自中共或者仇視民主政治力量的攻擊，類似這次的韓粉的網路霸凌，對我們個人來說，其實根本算不了什麼，笑一笑，無視他們就好了。但是我所關切的，是台灣社會受到的傷害。如前所述，如果任意讓這樣的網路惡質語言佔據了公共輿論的空間，如果只要有不同意見就必須要面對如此惡劣的網路霸凌，不僅是台灣社會的言論自由會被扭曲，更可能使得很多人因為愛惜羽毛，不願意與這樣的下流行為對抗，而放棄進行公共討論，而這，才是對於台灣社會來說最深層次的傷害。

因為，如果大家對於公共事務都不再發聲，這個社會就會缺乏足夠的參與；而理性地參與減少，就會為法西斯一般的非理性討論留下更大的空間。整個社會就這樣慢慢地沈淪下去。這樣的事情，在納粹德國，在中國的「文革」前都曾經發生過，是我們必須高度警惕的。

七・警惕假新聞：我為何要與楊裕富先生計較

二〇一八年即將過去的那天，我在臉書上轉發了一段視頻，內容是中國一家寺廟的尼姑舉行儀式，向毛澤東像和中共黨旗敬禮的荒謬行徑，我稱之為「中國今天，遍地妖怪」。在眾多的分享中，卻赫然看到了署名「楊裕富」的一位網友在分享的同時發表的評論，內容是這樣的：「我覺得，這些『買辦份子』才是妖怪！中華人民共和國現在是不是遍地妖怪，這還很難說。那時被中華人民共和國驅逐出境到了美國變身為美國間諜，專在台灣罵國民黨的王丹，倒確實是妖怪無誤！」

通常，看到這樣的惡言惡語和造謠中傷，我的一貫態度就是一笑了之，最多刪除封鎖，因為這樣的發言內容，非常類似中共派出的五毛網軍，我從來不會與之計較，畢竟那些網軍只是機器，連人都算不上。然而，我心血來潮點進了這位「楊裕富」先生的臉書看了看，竟然發現這位不是五毛，竟然是一位有頭有臉的台灣高級知識份子！根據他臉書上的自我介紹，楊裕富先生台中二中畢業，曾經就讀台大都市政策與設計系，擔任過台北市政府國宅處第一科的股長，而且，竟然還曾經是雲林科技大學的副教授，現在是「想退休建築師事務所」的建築師。從這份履歷看，他並不是等閒之輩，是典型的社會菁英份子和高級知識份子。

震驚之餘，我直接到楊裕富先生的臉書跟他溝通，希望他拿出證據，證明我是美國間諜，因為這樣的指控非同小可。結果楊先生倒是也坦率得很，一口承認自己「沒有證據」，表示「不再說了」，但是堅決不對自己沒有證據的信口開河行為道歉。不僅不道歉，反而繼續攻擊我，說我「接受交通大學的聘任，但是在中華民國罵國民黨，是吃裡扒外的行為」。這樣的指控不僅惡毒荒謬，而且基本的事實都是錯誤的，因為我在台灣教書是在清華大學，而不是隔壁的交通大學。這位楊裕富先生竟然連我的基本資料都不清楚，卻有如此的深仇大恨，令我十分不解，於是我再次要求他道歉。這一次，他道歉了，但是只是為「誤植」清華大學為交通大學而道歉，對於辱罵我是妖怪，指控我是美國間諜的言論，還是拒絕道歉，而面對一面倒批評他的網友，他一概以「綠蛆」稱呼，固執而出言粗鄙。見他如此，我就不想繼續糾纏了。

前面說過，對於這樣的辱罵，我一般不會計較；但是為什麼這一次，我對楊裕富先生要如此計較呢？

首先，楊裕富先生不是沒有受過教育的人，他不僅學歷高，而且在大學為人師表。這樣的人通常受到社會的尊敬，他的行為會影響很多人，這是我必須計較的原因之一。我不希望他的這種沒有證據就信口雌黃的行為，帶壞他的學生和社會風氣。第二、這幾年，網路上假新聞橫行對社會造成的危害，已經是全球討論的議題。以楊先生這樣的社會地位，他說我是美國間諜，我相信會有一部分跟他立場相同的人和尊敬他的人很自然就會取信，而「王丹是美國間諜」這樣的假新聞就這樣形成了。在去年年底的地方選舉中，這樣的假新聞泛濫行為，嚴重影響台灣的選舉和民主制度。因此，為了讓我們有一個理性清明的網路社群空間，我認為我們必須對那些信口開河、任意造謠的人認真計較，不能輕易放過，這不僅是捍衛自己的名譽，也是為了建設一個好的言論空間。

老實說對於楊裕富先生本人，我實在沒有什麼興趣去搭理，但是他的這番言行所代表的一些現象，我認為值得台灣社會深思和警惕。

八・價值多元化：關於丟鞋與 40K 的討論

有一陣，台灣社會發生了關於丟鞋的討論，因為有教授發表言論，說「年輕人丟鞋，丟不出４０Ｋ來」。對此我不能苟同，理由有四：

1.且不說丟鞋這件事與收入是否有直接相關關係，僅就字面而言，這麼說，好像４０Ｋ是成功與否的更高衡量標準，一切都要看是不是能得到４０Ｋ來判斷。我認為這是不對的，４０Ｋ固然很重要，但是不應當成為文明社會的最高價值標準。

人類社會進步的過程，就是一個慢慢調整和提高追求目標的過程，所以才有馬斯洛關於需求從溫飽到安全，再到情感和尊重，最後到自我實現的五階段理論。高收入固然重要，但是僅僅屬於人類需求的最低階段，至多可以勉強算作與第二階段的安全需求有一點點關係，台灣當然還沒有提供人們追求自我實現的社會條件，但是也應當超越最低層次，追求一些更多的價值，包括自由、尊嚴、關心和熱情等等。

2．民主社會，有人甘於貧困，願意丟鞋表達社會關懷；有人只顧自己的40K，甘於放棄自己的公民權利；也有人選擇不同的關心社會方式而不去丟鞋。我認為這都是個人選擇，都應當給予尊重。但是，那位教授的提法，似乎人的選擇，應當統一到一個模式裡（40K）。這其實是一種隱隱約約的大一統的思維模式，非黑即白的判斷方式。你好好去掙你的40K，何必要求別人也跟你一樣呢？

我相信這位教授鼓勵學生多關心如何得到40K的高收入也是好心，但是一個多元的社會，需要的是相互尊重，需要的，是「我對，你也對」的心態，而不是「我對，別人就是錯」的心態。這樣的社會，有人埋頭建設，有人致力於批判，都是對社會的貢獻。如果不同的社會成員互相指責，不僅破壞社會的多元性，也造成社會能量的內耗。

3．當今西方國家的一些CEO，甚至總統，當年在「嬰兒潮」世代成長的社會環境中也曾經是憤青，也曾經參加很多社會抗議。可見，年輕人丟鞋，以後也不是不可以40K的。我認為，在一個人青年的時期，天然的就會充滿熱情，這不僅對社會是寶貴的財富，對每個人自己的人生歷程來說，也是寶貴的一個階段。隨著歲月增長，大部份人會熱情下降，會把關心社會和他人的熱情慢慢轉移到關於收入的穩定、家人的健康等方面來。我們要求二十歲出頭的年輕人就老成世故，就滿懷城府，就放棄熱情，這不是教育應當有的方向。每個生命階段都有它的特點，偃苗助長是不可取的。

4.我覺得，年輕人要去丟鞋，而且拿不到40K，應當是這個社會的問題。大人應當多檢討。原則上，是沒有人毫無理由，就拿丟鞋當樂趣的。在我們譴責他們之前，應當先好好了解一下他們丟鞋的理由。如果一個社會不希望看到年輕人去修鞋，是不是應當努力消除導致他們丟鞋的社會原因，而不是一味指責甚至祭起國家機器的大旗去鎮壓呢？年輕人拿不到合理的收入，這本來是台灣產業環境和經濟狀況的問題，對於大多數面臨就業的年輕人來說，沒有人丟鞋，也拿不到40K，不是嗎？

第六個建議
台灣的未來，不能交給國民黨？

一・因為國民黨裡充滿了蔡正元這樣的人

前國民黨立委蔡正元，是台灣的年輕選民普遍反感的人物。這樣的人物充斥在國民黨內，是國民黨不值得信賴的重要原因之一。不過我覺得，也正是因為有蔡正元這樣的人，台灣人才更能看得清國民黨的真面目，這，也算是蔡正元的歷史功績吧。

當初民間發起的割闌尾計劃沒成功，蔡正元委員穩坐立委寶座，之前敗選的晦氣一掃而空，蔡委員的得意之態可歌可泣。另一邊，發起罷免的公民組織氣氛低迷，甚至有鄉民要集資斬蔡，對其恨之入骨自不待言。然而，如果平心靜氣想想，蔡委員也是有他的歷史功績的。那些因為割闌尾沒有成功就難過落淚的人，其實不必灰心喪氣，多想想蔡委員的歷史功績，可能更有助於跟他說掰掰的那一天早日到來。

我個人認為，蔡正元的歷史功績有三：

首先，他讓更多的人對臺灣的民主發展有更深刻的認識。大家想想看，如果不是蔡正元委員的罷免案進入最後關頭，有多少人會了解，原來在一九九四年的時候，選罷法到第三階段的門檻曾經只是三分之一，是國民黨在立法院提出修法，才把門檻提高到了現在的二分之一，同時要求罷免投票不能跟其他選舉一併舉行，這當然會降低民眾的投票意願。這說明了什麼呢？這說明，民主發展從來不是一帆風順的，我們往往比較注意民主進步的部分，但是往往忽略了民主也會有退步的部分。此外，民主制度一旦開始進入軌道，所謂民主建設就不再是宏大工程，而是一點一滴細節上的爭取，例如從二分之一門檻重新降低回去。這些細節上的進步，才是民主鞏固的核心所在。感謝蔡正元，讓人們看到了下一階段民主工程的重點。

其次，他給公民力量的提升提供了寶貴的機會。這次對蔡正元的罷免活動，即使有政黨和政治人物的支持，但是具體工作都是由自發組織起來的公民自己完成的，這批人原本是上班族，對政治，尤其是繁細的法規了解不多，政治行動能力也有限。是要有怎樣的動力，才能把這些人團結在一起，打一場幾乎明知不可能勝利的仗呢？是什麼樣的決心，使得他們開始學會用「工作坊」的方式凝聚共識，用網絡整合意見，因而創造了進入罷免第三階段的奇蹟呢？還不都是蔡委員把他們氣得？這樣的氣憤，使得很多的人開始了參與，學會了行動。而參與和行動，正是公民社會最重要的特質。臺灣公民社會的成長，怎能忘記蔡正元的功績呢？

第三、罷免行動失敗，對於新興公民力量，按理說，應當是一個挫敗，本來會使得部分人心情沮喪，對行動的意義喪失信心。歷史上進步無法持續，很多都是因為努力受挫的結果。然而，正當我這麼擔心的時候，可敬的蔡委員站出來了，他發表了一篇令人非常傻眼的勝利宣言，尖酸、刻薄、得意忘形，一丁點的風度都沒有，完全是刻意羞辱反對他的人。據我的了解，他的這篇講話實在是太刺激了，刺激到很多年輕人和鄉民咬牙切齒。結果就是，他們的鬥志更加昂揚了，非但沒有沮喪，反倒更加強了行動和參與的決心。讓挫敗的人更有鬥志，這不算是歷史功績，什麼是歷史功績啊！

當然了，蔡委員的歷史功績罄竹難書，出任連勝文競選總部的總幹事，結果一舉把柯文哲推上了市長寶座，就是經典之舉。不過，比起這一舉，我上述的三條歷史功績雖然不是那麼轟轟烈烈，但是其實也意義深遠。

二・我們都不應當忘記那一夜

二〇一四年三月二十三日夜，臺北，參加反對黑箱服貿的太陽花學運部分學生衝進了行政院。那一夜，國民黨當局出動了鎮暴警察進行武力清場。那一夜，全台灣關心事態發展的民眾，包括我在內，坐在電視機前，都幾乎不敢相信自己的眼睛。因為通過電視畫面轉播，我們都看到了非常驚悚的畫面：那些學生、市民，那些因為關心和擔憂臺灣前途而衝入行政院或者圍在行政院周圍的的臺灣人，遭到台灣政府發動的國家暴力嚴重傷害，很多人被打得頭破血流。

我清晰地記得，那一夜，我無法入睡，去馬偕醫院尋找，看看是否有我的學生。在急診區，我親眼看到一個青年學生，青春的面龐上都是傷口和鮮血。他是那麼的驚恐和無助，充滿淚水的眼睛裡也充滿了絕望、迷茫和不解。我還記得那一夜，我是多麼的心痛，我無法止住淚水，情緒幾乎崩潰。我相信，成千上萬的台灣人，那一夜，都跟我一樣無法入眠，都跟我一樣悲痛心碎。我也記得，那一夜，憤怒至極的我，在臉書上寫下我的心情，大意是說，國民黨因為這一夜而與臺灣整個年輕世代為敵，他們必將為此付出失去江山的代價。

我要驕傲地說，那一夜我做出的判斷，已經被歷史證明是正確的。我以一個臺灣社會發展觀察者的身份作證，一切，都是從那一夜開始的。從那一夜開始，國民黨徹底失去了民心，尤其是年輕世代的民心。

因為，假若這樣的鎮壓發生在美麗島時代，也許，對國民黨的傷害還不會那麼大，那時候的台灣人還對威權和國家暴力習以為常。假若這樣的鎮壓發生在中國，更不會令人不可思議，因為，暴政本來就是中共的本性。可是，那樣的國家暴力，居然發生在那一夜，發生在二〇一四年三月二十三日，發生在絕大多數台灣人都以為這樣的國家暴力已經不會再發生的時代，發生在林飛帆、陳為廷這些年輕人根本不可能想像會遭到這樣對待的時代，發生在幾乎所有台灣人都以為臺灣已經是一個民主國家了的時代，國民黨還這樣做，就鑄下了無可挽回的錯誤。時代已經在前進了，社會已經變化了，而國家，竟然還在用老的一套，用國家暴力對付人民，那一夜，就註定了二〇一四年十一月九合一大選國民黨的慘敗；那一夜，就註定了了二〇一五年 一月十六日，國民黨全面失去了政權。

是的，一切，都是從那一夜開始的。

一月十六日，我們見證了歷史，見證了一個百年老黨，是如何的土崩瓦解。我們也聽到國民黨候選人朱立倫面色鐵青地表示，國民黨要深切地反省。我認為，僅僅見證歷史是不夠的，我們更要知道的，是這樣的歷史是如何形成的；我們更應當牢記的，是國民黨為甚麼會兵敗如山倒。

朱立場倫所說的「反省」，我不知道具體內容是什麼，但是，出於同情心，我真的很想跟國民黨的支持者說一句：真的，一切，都是從那一夜開始的。如果國民黨的支持者，無法認識到這一點的話，我敢再一次預言：國民黨，永遠不會再回來了！這個道理其實很簡單，因為連殺人不眨眼的毛澤東都知道，而且公開說過：「鎮壓學生運動的，絕沒有好下場。」今天，最應當反覆咀嚼和思考毛澤東的這句話的，就是國民黨，以及國民黨的支持者們。

臺灣的這一段歷史，以後一定會寫入世界民主發展的史冊。它告訴我們，不管是多麼強大的政權，不管你用什麼理由，都不可以用國家暴力傷害自己的人民。否則，你早晚會付出代價，不管你是國民黨，還是共產黨，都是一樣。只是時間上早晚的問題而已。

三・國民黨已經同年輕世代脫軌

太陽花學運導致最大的一個後果，就是國民黨和馬英九總統，與幾乎整整一個世代的年輕人結下了梁子，成了冤家。三一八學運之後的民調，馬英九的支持度在年輕人群體中，已經跌到了百分之八左右。這對國民黨未來的發展具有強烈的象徵意義。我想馬英九總統和國民黨高層大概也看到了這個可怕的後果，所以才急急忙忙地召開號稱傾聽學生意見的會議。可惜的是，會議的參加者都是國民黨自己培養的青年，本應有的對話變成了加油打氣的取暖大會，場面固然溫馨，但是毫無意義。

其實，國民黨也不是不知道一件事，那就是能否拉住年輕人，關係到這個政黨是否能夠延續自己的生命和活力。他們保留一席中常委給青年團成員，就說明他們了解這一點。他們也舉辦了各種各樣的活動，試圖吸引學生參加，有些活動也算有一定成效。但是不能不看到的是，總體而言，國民黨就是拉不住年輕人。我在大學教書，最清楚這樣的境況：現在的大學生中間，公開表示支持國民黨，根本就是一件需要勇氣的事情。當然，民進黨的情況也不妙。但是，國民黨的情況更不妙，這是毫無疑問的。

這次太陽花學運中湧現出來的學生領袖，無論是陳為廷的個人魅力，林飛帆的沈穩幹練，還是吳崢的辯才無礙，確實給學運加分不少。反觀支持國民黨的方面，屬於年輕人的層面，就只有一個王炳忠，至於他的表現，矮油，還是不說也罷。

國民黨花錢出力，又擁有龐大資源，為甚麼就是拉不住年輕人呢？

首先當然是理念的問題，但是這個問題太大，我們這裡不說，我覺得還有一個很大的問題，就是對於年輕世代的態度問題，就是他們跟年輕人，真的有了代溝。換句話說，他們聽不懂年輕人在說什麼，也不知道年輕人在想什麼，他們坐在冷氣房裡，完全無法進入PTT的鄉民世界。他們與二十五歲以下的這個世代，完全脫節了。

我來舉個例子：當初陳為廷在立法院砲轟教育部長，其實完全沒有帶任何一個不雅的字，只是態度嚴厲而已，立刻就成了不得了的事情。親政府媒體的大幅報導聚焦在「禮貌」問題上，立法院副院長跳出來表示痛心疾首，整個社會的輿論至少在一兩個月中，都是圍繞著「不禮貌」二字。從政府到媒體，再到社會輿論，整個大失焦。完全不去關心陳為廷和學生們為甚麼「不禮貌」，也不關心他們「不禮貌」是否代表年輕世代的集體情緒，更不去區分「不禮貌」和「不理性」的分別。現在反過來看，其實，那樣的「不禮貌」已經是警訊了，但是政府、執政黨和媒體，根本渾然不覺。

當陳為廷他們攻入立法院，大家才知道代誌大條了。這一次學生的行動其實更加「不禮貌」一百倍，但是大家都閉嘴了，都不說「不禮貌」了，連馬英九都出來肯定學生關心社會的熱情和理想了。顆顆，早幹什麼去了？

不懂鄉民的語言，不了解這個世代的壓抑和絕望，卻去斤斤計較現在的年輕人是不是有禮貌。都已經民國多少年了，還在用這樣的陳腐禮教來要求年輕人，來判斷年輕人，來凌駕年輕人。這樣搞，拉得住年輕人才怪！

四・國民黨還會東山再起嗎？

這次台灣總統大選，國民黨可以說是大輸家，從中央執政權到立法院，到地方縣市的政治版圖，國民黨幾乎喪失殆盡，整個台灣本島的顏色，幾乎都已經由藍轉綠。那麼，國民黨還有可能東山再起嗎？我的答案是否定的。這個百年老黨，很可能就會隨著時間的流逝，逐漸萎縮，從一個中型政黨，慢慢變為新黨一樣的固有意識形態的小黨。它還會活著，但是已經不可能再得到政權了。二十年之後，很有可能，我們就看不到這個黨的存在了。為甚麼呢？

第一個原因就是路線問題。對於未來的國民黨來說，是維持以「九二共識」為基礎的兩岸關係，走向終極統一，還是回到本土路線，這是他們最大的罩門。如果洪秀柱當選國

（編註：其實，早在太陽花學運結束之後不久，我在輔仁大學演講的時候，就提出關觀點，認為國民黨已經日暮西山，不會東山再起了。二〇一六年國民黨大選兵敗如山倒，似乎進一步驗證了我的判斷。然而，二〇一八年年底的縣市長首長大選，國民黨大反攻，重新取得大部分地方縣市的執政權，我原本的預測遇到重大挑戰。當時，很多人認為國民黨很快就會重新執政。不過，我的判斷，不是建立在一時一次的選舉結果上的。我的判斷，是基於對台灣社會和政治發展的發展趨勢而做出的。因此，即使今天，我還是堅持我的看法，那就是：從歷史趨勢上看，在二十年的時間框架下看，國民黨不可能東山再起了。很快就要到來的二〇二〇年大選，或許會再次證實或者證偽我的判斷。而且，即使事實證明我的判斷是錯誤的，我想我還是應當把這篇分析收錄在本書中，作為一種歷史見證。）

民黨主席，帶領全黨走向急統的道路，本土派一定出走，國民黨會分裂。已經大敗如此的國民黨，哪裏還經得起再次的分裂呢？如果再次分裂，就是死路一條。然而，如果本土派領導國民黨，甚至改名為「台灣國民黨」，在路線上改走本土路線，那國民黨和民進黨還有沒有什麼區別呢？一個政黨，跟自己的對手沒有政策和基本主張的區隔，它的存在還有意義嗎？所以現在的國民黨，是陷入兩難之中，一時也看不到解決的辦法。而不解決這個路線問題，國民黨就不會有未來。

第二個原因就是群眾基礎的問題。國民黨長期以來的一個大問題就是缺乏年輕世代的黨員和支持者。現在所謂國民黨的青年黨員，都是三十歲以上。比起民進黨的中央黨部，到處都可以看到二十多歲的真正的年輕人來，國民黨人才的危機極為嚴峻。傳統上國民黨的支持者，年齡層偏高，我們不難想像，八年以後，當蔡英文要下台，國民黨又有機會的時候，他們的很多傳統選民由於生命有限的原因，都會被自然淘汰掉。而每年新增加的幾十萬所謂「首投族」，對國民黨一點好感都沒有。雪上加霜的是，民進黨上台以後，一定會把投票年齡降低到十八歲，這些新一代選民，更不可能轉而去支持國民黨。這樣的一個黨，幾乎處於後繼無人的狀態，八年之後，它的選票在哪裡？如果沒有群眾基礎，要怎樣東山再起呢？

第三個、也是很重要的原因，就是黨產的問題。我們都知道，國民黨家大業大，是全世界最有錢的政黨，這不僅使得它在選舉中可以浥注龐大資源，也使得它可以維繫很多的追逐利益者，它甚至還在用黨產給自己的退休黨工發退休金。可以說，只要國民黨還保有它的黨產，它就不會潰散。但是現在問題來了：民進黨全面執政，當然也知道要對自己的敵手釜底抽薪。蔡英文和民進黨在選前就多次宣稱，正式移交政權之後，最優先處理的問題就是通過《不當黨產處置條例》，說白了，就是要收回國民黨的黨產。屆時，國民黨將變成一個只能依靠向外界籌款的政黨，而以國民黨黯淡的未來而言，又有誰願意掏錢支撐這麼巨大的一個政黨機器呢？

最後一個原因，就是國民黨從來不是一個善於反省的政黨。二〇一四年九合一大選，台灣選民已經對國民黨提出了警告，但是我們並未看到國民黨有深刻的檢討。這一次的總統大選，國民黨一系列荒腔走板的做法，例如製造藍綠對立，恐嚇選民未來會兩岸關係惡化，用五年級生來對抗年輕世代，製造世代對立等等，都反映出他們幾乎沒有反省。總統大選輸成這樣，國民黨只拿出六頁紙的檢討報告，然後立即開始關於黨主席的內部鬥爭。這樣一個不痛定思痛的政黨，怎麼可能還有未來呢？這次台南地震災情慘重，蔡英文個人捐出一百萬元，作為世界上最有錢政黨的國民黨，全黨捐一百萬，如此這樣，你還會覺得國民黨會東山再起嗎？

五・曾經有過那樣的國民黨

閱讀歷史，確實會讓人有很多的感慨，也會有很多的省悟。從歷史的脈絡上，我們也可以更清楚地理解當下的現實。今天在台灣的國民黨成為備受爭議的政黨，很大程度上是今天現實中他們的一些政策和做法造成的，有人說在歷史的洪流中，國民黨發生了令人驚歎的變化，例如從反共到親共，但是，這真的是變化嗎？還是其實只是回歸該黨初衷，如果我們回到歷史的書頁中去翻檢過去，答案可能會有驚人的不同。這是我最近閱讀中國現代史研究學者楊奎松的《國民黨的「聯共」與「反共」》（社會科學文獻出版社二〇〇八）一書中，最為感慨的部分。願意分享其中提到的一些歷史事實，供大家玩味。

很多人都知道，中國共產黨的建立，是原蘇聯蘇維埃政府支持的與美國抗衡的籌碼，中共根本就是蘇共扶持的所謂「國際共運」組織下的一個支部而已。但是又有多少人知道，其實，早在一九二〇年代，蘇聯共產黨原本想支持的對象，其實是中國國民黨。楊奎松爬梳史料，告訴我們：一九二一年十二月，「共產國際」的代表馬林得到孫中山同意，在共產黨員張太雷的陪同下前往桂林孫中山大本營所在地，在那裡停留了九天，與孫中山三次長談。這次談話之後，在給莫斯科的報告中，馬林的結論是：共產國際應當與孫中山國民黨建立密切的聯繫，而不是全力去幫助中國共產黨。蘇共接受了這樣的建議，因此才有了所謂的「國共第一次合作」。但是歷史的真相是，那根本不是什麼「合作」，蘇共的真實意圖是希望共產黨加入到國民黨中，讓國民黨成為蘇共的真正盟友。

對此，剛剛成立野心勃勃的中國共產黨當然心中不服，但是不服又能如何，畢竟費上也都是蘇聯在支持，中共除了聽命別無選擇。一九二二年八月二十八到三十日，馬林與中共領導人集中到杭州西湖，舉行秘密會議，討論共產黨員加入國民黨，與國民黨合作的問題，當有人提出異議的時候，馬林提出「中國黨是否服從國際決議」，楊奎松說，「於是中共中央為了尊重國際紀律遂不得不接受國際提議」。同時，楊奎松也指出，孫中山接受共產黨員，在一定程度上也多少含有想要借助於俄國革命的經驗，振興國民黨的意圖。

這段歷史說明了什麼？它告訴我們，中國國民黨從開始準備執掌中國的統治權起，其意識形態和組織結構就有非常深厚的共產黨基因。一九二三年七月下旬，莫斯科派來了新的代表鮑羅廷，鮑羅廷到後第四天，國民黨召開黨務會議，孫中山首次以俄國革命為鑒，談論起國民黨的問題來了。他明確提出，以後當「效法俄人」，「以黨治國。」一九二四年五月三日正式就任黃埔軍校（即陸軍軍官學校），蔣介石擔任校長，從那時候開始，軍校辦校的形式、制度、人事組織等，都是蘇聯式的。從這個意義上說，蔣介石確實是孫中山忠實的繼承人。

所以，當後來歷史的發展，讓我們看到蔣介石從中國大陸到台灣都以「黨國體系」作為統治的基本原則時，我們應當知道，這是從俄羅斯和共產國際學習來的經驗。在國民黨和共產黨之間，不僅有歷史淵源，也有相互連接的政治基因。從這個解讀來看，今天國民黨重新與共產黨密切合作，其實並不是什麼戲劇性的、歷史性的轉變，這，其實不過是回顧國民黨的創黨傳統而已。

在中國的網絡上經常聽到這樣的笑話：「小的時候不懂事，受共產黨教育，痛恨蔣介石，因為他是壞人；現在大了，就更加痛恨蔣介石了，因為他輸給了更壞的人。」。這裡，「更壞的人」，說的就是共產黨。這雖然是笑話，但是確實反映出一部分人內心的歷史幽怨：如果，當初國民黨能夠打敗共產黨，今天的中國，也許就會不一樣。當然，現在的臺灣，也會不一樣。

雖說歷史不能假設，但是歷史可以解釋。楊奎松的《國民黨的「聯共」與「反共」》（社會科學文獻出版社二〇〇八）一書在解釋國民黨與共產黨幾十年的糾葛時候，針對國民黨面對共產黨為何無可奈何，最後拱手讓出江山一事，反覆用歷史事實提供了一個原因，那就是國民黨的內鬥。雖然，我們對這一點並不陌生，但是當一些活生生的證據展示在眼前時，還是不能不更加感慨。這裡列舉亮點，當作一個歷史回顧：

第一、一九二八年，共產黨開始在江西積極發展軍隊，蔣介石準備派兵圍剿。但是，一九二九年三月二十六日，討桂戰爭爆發，湘軍撤離江西，江西省的國民黨軍隊也大部被抽調參戰，江西各地中共組織抓住這一機會迅速發展軍隊。六月中旬，好不容易討桂戰爭取得階段性勝利，蔣介石再次試圖消滅共產黨的軍隊，於是命令贛、閩、粵三省集結軍隊於閩西地區參加「會剿」。但此舉很快被緊接著爆發的馮玉祥、唐生智、張發奎各部響應桂系，共同揭旗反蔣的戰爭所打斷，極大地便利了紅軍在江西的發展。

之後進行所謂的第三次「圍剿」。這一次，國民黨氣勢如虹，長驅直入共產黨的根據地，紅軍接連收到挫折，本來局勢非常艱困了。但國民黨軍隊最後自行退出蘇區，中共得以殘存了下來，大概自己都有點莫名奇妙。究其原因，原來是蔣介石與胡漢民的矛盾激化，軟禁了胡，寧粵公開分裂。五月初，汪精衛通電反蔣，在廣州另立中央。九月一日，粵桂聯軍開始進軍湖南，南昌行營四日做了暫時收縮兵力的決定。結果就是，中共就在十一月七日於江西中央蘇區的瑞金宣布成立中華蘇維埃共和國。這個結果，毫無疑問是國民黨方面不斷內部鬥爭的產物。

第二個悲劇就是，時間發展到了所謂的中共紅軍「長征」，也就是潰逃的時期。那個時候，紅軍到達貴州遵義時，整個部隊加上中央和政府機關非戰鬥人員，已經只剩下不足兩萬人了。如果後面尾追的國民黨精銳部隊乘機大舉進攻，紅軍覆滅的可能性非常之大，那麼今天，很可能就沒有共產黨和習近平了。但是歷史的軌跡是，中共的紅二紅軍居然在遵義好整以暇地休整，而沒有受到國軍的進攻。國民黨的軍隊幹什麼去了呢？原來，這個時候作戰力最強的中央軍薛岳部，並沒有把主要目標放在進攻紅軍的問題上，他在給蔣介石的電報中說：「務使我軍確實把握貴州，以為西南軍事據點。」蔣對此高度肯定，因此，薛岳所部周混元，吳奇偉兩個縱隊，在跟追紅軍到黃平，翁安，欲慶後，並不是向西北的遵義方向推進，反而是大舉轉向西南，進駐到貴陽周圍地區，進而在貴陽鳩占鵲巢，反客為主，薛岳還被任命為貴陽綏靖主任。原來，國民黨的追擊部隊，沒有把抓住歷史機遇消滅共產黨放在第一位，而是把趁機擴大蔣介石的勢力放在了最重要的戰略部署上。結果就是讓幾乎已經潰散的中共得以重新整合、調整，在死亡的夾縫中生存了下來。後來的歷史我們就知道了，這次歷時機會的措施，導致了最終國民黨把整個中國大陸都給了共產黨。而其原因，還是內部權力鬥爭。

　　這，大概就是開篇那個笑話背後的歷史脈絡之一吧。歷史已經過去了那麼久，我們也不必再苛責國民黨什麼，畢竟他們失去政權也一定創痛巨深。然而，如果歷史的教訓還沒有吸取，如果內鬥還是深深紮根在這個黨的政治基因中，我們只能說，幾十年前他們的失敗，其實是一種根本無法躲避的必然。

六・國民黨對不起張靈甫

今年是對日作戰七十週年，中共在九月三日舉行盛大的閱兵儀式，以表紀念。這本身就是一件很諷刺的事情，因為中國的抗戰勝利，主要是中華民國政府領導下完成的，中共雖然也協助進行了一些敵後游擊戰，騷擾日軍，但是正面作戰，主力部隊對決，完全是國民黨軍隊進行的，為此國民黨在軍事上損失慘重，這也是後來國共內戰，國民黨軍隊一敗塗地的原因之一。現在，撿便宜的倒成了抗戰的主角，中共的無恥真是沒有下限了。

而更諷刺的，我覺得還是國民黨這邊。明明眼看中共篡改歷史，把本屬於國民黨的歷史功勞搶奪到自己手裡，卻束手無策。這個黨的名譽主席還硬是要去北京參加中共的閱兵活動，真不知道他們面對自己黨內先驅在抗戰中的犧牲，有何面目做這樣的事情。執政的國民黨總統和主席雖然嘴上表示反對連戰去北京參加閱兵，但也是說說而已，真正該舉行紀念活動的中華民國政府，到底有在做什麼紀念活動嗎？我實在是看不出來。

我只想問國民黨一個簡單的問題：你們，還記得張靈甫嗎？

話說張靈甫畢業自北京大學歷史系，說起來還是我的老學長。後來投筆從戎進入黃埔

本文寫於二〇一五年

軍校。一九三七年盧溝橋事變後，張靈甫出任七十四軍第三〇五團團長，多次帶領全團官兵抵抗並擊退日軍攻勢。一九三八年十月的武漢保衛戰中，七十四軍參加著名的萬家嶺戰役，這場戰役中，張靈甫身中彈片多處仍率部死戰，經五晝夜激戰，殲滅了松浦淳六郎率領的日軍第106師團。74軍一戰成名，從此成為國軍主力之一，而張靈甫也因此成為抗日名將。後來在國共內戰中，張靈甫率領的74軍在中共軍隊重兵包圍之下，血戰到底，最後張本人率領高級將領集體舉槍自盡，誓死拒絕投降中共，堪稱國軍將領的表率，是一名硬漢子。

為甚麼會提到張靈甫呢？這是因為中國大陸的年輕人現在追思民國時代，「國粉」所在多有。前不久張靈甫的兒子張道宇希望將其遺骨遷葬陝西老家，結果被現在埋葬之地的農戶，開口索取二十萬元人民幣，於是成了網絡上議論紛紛的新聞。不少中國大陸的網民肯定張靈甫抗日的戰功，這甚至還引起官方派人撰文反駁，一時間吵得沸沸揚揚。

重點是，別看中國網民對張靈甫的事情這麼關心，台灣方面卻幾乎無動於衷。前幾年，張靈甫的遺孀希望補發張生前的動章，台灣國防部居然說需要付款才會補發。現在張靈甫遺骨不能安葬，國民黨有說什麼嗎？連戰到北京，會幫張的家人向習近平說話嗎？國民黨願意拿出二十萬人民幣，幫助張靈甫的遺骨遷葬嗎？我敢說，今天在國民黨內，還記得張靈甫的人都不多了。而在抗戰七十週年的今天，追憶這些名將，為他們的後人做一些事情，不正是國民黨該做的事嗎？

張靈甫舉槍自盡前，曾經寫了一封與妻訣別書，讓少校侍從官帶出，由張道宇公開內容：「十餘萬之匪向我猛撲，今日戰況更惡化，彈盡援絕，水糧俱無。我與仁傑決戰至最後，以一彈飲訣成仁，上報國家與領袖，下答人民與部屬。老父來京未見，痛極，望善待之。幼子望養育之。玉玲吾妻，今永訣矣。」這封遺書，至今看來，仍是字字血淚，令人欽佩。在抗戰七十週年之際，我沒有看到臺灣這邊有任何人提到張靈甫的事情，反倒是在中國大陸，張靈甫至今還被一些緬懷民國的青年人追憶。歷史，有的時候真是一齣諷刺劇。

七・國民黨差不多也就這樣了

記得太陽花學運剛結束之後，我在輔仁大學演講時就大膽地預測：國民黨即將退出歷史舞台，已經不可能東山再起了。隨後，二〇一六年台灣總統和立委選舉，國民黨兵敗如山倒，從中央到地方到立法院，都成了少數黨，某種程度似乎應驗了我的預言，讓我鬆了口氣：好歹沒有預測失敗，國民黨看上去真的氣息奄奄了。

然而，二〇一八年十一月二十四日台灣的縣市首長選舉，讓我出了一身冷汗。原本以為已經日落西山的國民黨，一舉拿下包括高雄在內的大部分地方執政權，並以地方包圍中央之勢，揚言要在二〇二〇年重新執政。當時，我承認我確實有點傻眼—當然，傻眼的應當不只我一個—我原來對於「國民黨已經不可能東山再起」的判斷，看來是大錯特錯了。雖說台灣的政治千變萬化，很難預測，但是真的算錯，也還是很令人汗顏。但是不到半年，局勢又發生了變化，這個變化讓我對自己原來的預測，重新產生了信心。看來我當初的感覺的大方向還是正確的：國民黨氣數已盡，差不多也就這樣了。

是什麼讓我對自己當年的預測重新產生了信心的呢？就是國民黨最終推出了韓國瑜作為二〇二〇年的總統候選人這件事。韓國瑜出征，說明國民黨確實已經不可能東山再起了。因為，韓國瑜根本就不是國民黨。

作為百年老黨的國民黨，曾經締造了中華民國，也曾經在第二次世界大戰中讓中國進入世界強國之列，這樣的一個黨，或許已經敗壞，但至少到馬英九時期，還能夠維持一個大黨的基本格局。而現在，這個黨已經到了無法自己延續自己政治生命的時候了。因為眾所周知，韓國瑜根本就不是傳統的國民黨，他當初也是千方百計切割國民黨，才連蒙帶騙地當選高雄市長的。國民黨的高層，集體性地看不起韓國瑜，根本就不把他當作自己人，這也是大家都看在眼裡的。這樣一個毫無學識修養，自己都承認過去根本就是混日子，居然可以一衝動就上樹做秀，根本就望之不似君主之相的人，居然最後情感勒索到候選人的位子。這說明什麼？

這說明國民黨已經沒人了。沒人了才會只好濫竽充數，派一個跟國民黨的調性南轅北轍的人代表國民黨。自己辛辛苦苦培養的接班人朱立倫，各方面條件不知道比韓國瑜好了多少，結果，恐怕最多只能給韓國瑜當個副手。說句不好聽的話，就算韓國瑜真的當選，那也不是國民黨的勝利，那是韓國瑜的勝利，是台灣民粹主義的勝利，跟國民黨，半毛錢關係都沒有。但國民黨還要隆重慶祝，假裝這是自己的勝利。這其實，只有「辛酸」二字可以形容。這樣的國民黨，實際上已經被架空了。不管大選勝負如何，推出韓國瑜這樣的候選人，我認為，就證明我當初的預測還是準確的。國民黨氣數已盡。

當然，韓國瑜不是讓我恢復自信的唯一原因。當初我預測國民黨不可能東山再起的一個主要判斷依據，到現在不僅沒有弱化，而且還在繼續加強。那就是國民黨後繼無人的問題。朱立倫這一番折損之後，請問國民黨未來還有什麼像樣的人可以中興嗎？年輕世代對國民黨的感覺，根本如同路人。沒有年輕世代的支持，就沒有未來，這是顛撲不破的真理。國民黨確實沒有年輕世代的未來，所以它確實就沒有未來。我想，我當初的預測，應當還是正確的。

第七個建議

認清現實，走向未來

一・川普不靠譜，台灣當自強

去年底的美國總統大選之前，大多數台灣的朋友對川普當選是沒有信心的，再加上川普在選舉過程中一系列政治不正確的表現，在我的評估中，很多台灣人對川普是沒有好感的。這從兩次美國總統候選人大選辯論的過程中，臉書上的反應大致可以看出。

但是現在，情況發生了變化。在社群媒體上，台灣網民對川普的支持度和好感度明顯上昇。例如，前不久中國政府派馬雲去見川普，答應要給美國一百萬個工作機會，我在臉書評論說這是中國在忽悠川普，之後有大量的跟帖為川普辯護，說他是一個精明的商人，不會上當之類。關於此事，各有看法，我無意爭論，但是台灣網民對川普的態度變化，由此可見一斑。

而眾所週知，這樣的變化，並不是因為川普當選，而是因為那一通著名的電話：川普與蔡英文總統的通話。這通電話極大地鼓舞了台灣本土力量，他們認為川普以及川普周圍的右派親臺策士們，將更積極地支持台灣，台灣走向自主決定命運的機會因此而大增。所以他們對川普的好感度大為增加。這種心情我是可以理解的，但是我要在此提醒讀者朋友兩件事：一、川普真的靠譜嗎？二、台灣應當把自己的未來寄望在別國的身上嗎？哪怕它是美國。

首先，至少到目前為止，我看不出川普真的會在「一中政策」上跟中國攤牌，全面推翻之前歷任總統—也包括布希家族在內的共和黨政府—的一貫政策的證據。的確，川普本人動不動就揚言要重新思考「一中」政策，這給了很多台灣人以希望，但是別忘了，正如眾多網民所說，川普是一個商人。作為一個商人，在談判桌上，當然是喊出最高價碼，才有利於以後的討價還價。事實上，一月十五日，川普任命的白宮幕僚長蒲博思在接受媒體採訪的時候已經說得非常清楚：「川普政府並沒有預設立場要改變一個中國政策」，這是一根非常明確得訊號，表示川普和他的團隊提出「一個中國」政策，是醉翁之意不在酒，他們的目的當然是在於中美貿易和南海問題上給中國政府施加壓力。川普是拿台灣問題當籌碼，希望換取其他利益，這一點毫無疑問。僅憑這一點來說，對於臺灣來說，川普就不是一個靠譜的人。道理很簡單，一旦他拿到好處，例如馬雲的一百萬個工作機會，他會不會再為臺灣說話，沒有人敢保證。

其次，我認為面對咄咄逼人的習近平政權，臺灣要自保，最重要的其實不是美國的保護和國際輿論。一九八九年中國政府悍然在首都對示威學生進行軍事鎮壓，全世界譁然，美國當然制裁中國，國際輿論也同聲譴責，但是效果如何呢？沒到三年的時間，美國等西方國家就跟共產黨政權握手言和了。希望這樣的歷史經驗，能夠讓大家頭腦冷靜下來。

其實在我看來，中共是不是會用強硬手段解決台灣問題，最重要的考量不是美國和國際社會的反應，而是臺灣自身發展的狀況。換句話說，如果臺灣社會和朝野政黨面對中國，立場一致而堅定，那麼中共要武力收復臺灣，勢必付出極大的代價。它首先要考慮的是這個代價，然後才會去考慮國際社會的反應。要知道，以美國的軍事力量，當年在伊拉克和阿富汗兩場戰爭中，要是沒有反對海珊和塔利班的內部力量配合，恐怕也不會輕易獲勝。

相反，如果臺灣內部，面對中國的步步進逼，內部分歧甚大，甚至有強大的政治和社會力量作為內應，願意與中共合作，那麼中共就會知道它一旦採取軍事手段也不會付出太大的代價，我相信，這才是他們密切觀察的指標，也是他們努力推動的前期工作；而這種情況一旦出現，國際社會面對台灣內部支持統一的力量的出現，在反應的程度上也會有所猶豫。這個前景，才是對臺灣的未來最大的威脅。

總而言之，我認為，臺灣與其指望川普，不如自立自強，加強自身內部的統合，消除台灣社會內部的隱患，這樣恐怕更靠譜一些。

二・丟掉幻想，面對打壓

最近幾年，中共花大錢買到一些台灣的邦交國，讓他們與臺灣斷交，表面上看似乎成功地對不接受「九二共識」的臺灣進行了報復，但是臺灣也不必因此而驚慌。坦率講，只要是民進黨執政，這樣的事情就不可能杜絕，釋放多少善意都是沒有用的。臺灣已經成了習近平手裏的一張牌，既可以用來跟美國討價還價，也可以用來向中國國內的民眾展示他的強硬立場，他當然不會因為臺灣表達善意而放棄這張含有巨大政治利益的牌。換句話說，只要是中共還在統治中國，台灣人想爭取自己主體性的任何努力，都必然受到中共的阻撓和打擊，寄希望於中共會對臺灣回報善意的幻想，應當儘早打破。台灣人應當做好心理建設，面對現實，這個現實就是，類似巴拿馬斷交這樣的事情，以後還會有。

有人說，一切的責任都是蔡英文上台以來，放棄「九二共識」導致的，民進黨必須調整兩岸政策，重新回到「一個中國」的立場上，兩岸才會有正面的發展。這種論調不是天真就是別有用心。二〇一六年以前，當馬英九執政的時候，國民黨全面倒向中共，連馬習會都實現了，中共有停止過對臺灣的打壓嗎？中華民國四個字，在北京還是連提都不能提。中國也仍然不允許臺灣加入任何國際組織。也許有人會說，接受「九二共識」，至少可以保住自己的邦交國。問題是：保住幾個邦交國，真的有那麼重要嗎？

按照國民黨的兩岸政策，接受中共提出的條件，所能完成的，充其量是保守性的兩岸穩定，即北京不加碼打壓臺灣，但是並不能換來中共真心的善意。這個道理也很簡單，因為任何一屆中共領導人，都不可能制定真正的善意的對臺政策，這涉及到中共統治穩定的核心問題，即合法性問題。中共的合法性，在一九八九年之後，已經完全失去了意識形態的基礎，而換成了經濟增長和民族主義。玩弄民族主義這張牌，其實不利於中共維繫一個穩定的週邊環境，所以它輕易不會頻繁地使用這張牌。經濟增長就成了它主要的合法性基礎。但是今天，中國的經濟發展遇到了問題，在經濟發展放緩甚至下滑的情況下，民族主義終將重新粉墨登場，成為中共維繫合法性的唯一法寶。在這樣的背景下，中共是不可能放棄任何展現對民進黨強硬立場的機會的。

在我看來，兩方對峙，越是弱小的一方，越是不應當採用保守型消極防禦的戰略，這只能助長對方的氣勢，暴露自己的弱點。作為弱小的一方，反倒更應當採取積極進取的策略。這樣的策略，包括合縱連橫，爭取盟友的協助；也包括展現堅強的決心，在心理上不示弱；更包括尋找對方最薄弱的環節，主動出擊，迫使對方回防。這些策略，在國際關係的歷史上，可以找到很多成功的例子。現在的問題是，在台灣，不要說那些本來就傾向中國的政治勢力，即使是台灣的本土政權種，還是有很多人對中共抱有幻想，還是希望能用善意換來中共「放台灣一馬」，這樣的幻想不丟掉，就不可能面對中共未來會進一步加強的打壓。

此外，台灣民眾也必須認識到，世界上沒有任何事情是不需要付出代價的，關鍵在於利益的比較。舉例來說，以台灣的處境來看，唯有與美日加強聯結，才能強化自身的實力，為了這樣的聯結，臺灣勢必在其他的一些問題上作出一定的妥協，例如美豬進口等問題。魚與熊掌不可兼得，這一點尤其是在面對危機的時候，值得台灣人深思。

三・台灣不會成為交易籌碼

二〇一七年三月，時任美國國務卿的提勒森（Rex Tillerson）訪問北京，帶給習近平莫大的驚喜，那就是他明確表達了接受中方一貫主張的中美之間「新型大國關係」的內涵，表達了願意與中國合作的善意。對於川普的對華政策一直摸不到底細，因此多少有些惶然的中共政府，這下可以說是鬆了口氣。而外界則是看得如同五里霧中。因為提勒森這樣的表態，不可能沒有得到川普的授權，擺明了是為了四月份的川習會鋪墊氣氛。

遙想當年，在川普就職之前，他還質疑「一中」政策，去年底與蔡英文總統通電話，更是引起軒然大波和外界的無限想像。之後，川普頻繁就「一中」問題發言，基調就是美國的「一中」政策有可能改變。現在，他不僅表示接受「一中政策」，還向中共眉目傳情，讓那些以為他會對華強硬的人情何以堪？

其實，先拉高價碼，再就地還價，這本是商人本色。現在我們已經可以看得很清楚了：之前川普那一系列關於「一中政策」的驚人論述都是假動作，價碼拉那麼高，目的是跟中共談一筆大交易。現在看來，這筆交易已經談成了，要不然，不會有習近平的訪問美國，也不會有提勒森的親切友好，再看川普本人，也不再提「一中政策」來刺激中共了。

那麼問題就來了：川普不惜以「一中政策」為籌碼，就地還價，到底做的是什麼交易？中美雙方外交高層互訪，達成了什麼協議？對此最擔心的，當然是台灣。據媒體報導，台灣「一名政府人士」就認為，美國處理北韓問題需要中國的大力協助，為了換取這個協助，台灣將變成交易籌碼。不過在我看來，這個擔心是多慮了，原因很簡單了：台灣，已經沒有什麼可再失去的了。

習近平上台以後，為了逼迫蔡英文接受「九二共識」，在外交上挖走台灣的邦交國，在經貿上限制陸客來台，兩岸關係上凍結雙方的官方互動，軍事上加強飛彈的部署，派遣航空母艦繞行台灣，可以說，對於台灣的威逼利誘，花招百出，但是也招數用盡，到現在已經黔驢技窮，沒有什麼更新的辦法了。就算美國真的像有些人擔心的那樣，把台灣當作交易籌碼，出賣台灣，也沒有什麼具體的交易內容，可以讓北京嘗到甜頭。因為現在北京對台灣，除了軍事進攻之外，能做的都做了；而美方放任中國對台灣動武，換取對美國軍事打擊北韓的支持，恐怕也是不可能的事情。那麼，美國到底還能出賣台灣什麼呢？最多就是本來給了台灣一個美麗的幻想，以為美國會改變「一中政策」，現在打破了這個幻想，一切回歸到原點而已。這對台灣也沒有大的利益傷害，因為本來就不該有這樣的錯誤的期待。而川普用台灣問題作為價碼換取的，很可能是中國在北韓問題上的合作，或者貿易問題上的讓步。台灣，真的沒有什麼好擔心的。

認識到這一點對台灣來說非常重要。因為蔡英文政府上台以來，對於兩岸關係可以說是小心謹慎，如履薄冰，竭力維護兩岸關係不要發生大的波動。可是這樣的小心，並沒有換來中共的善意。如同我前面提到的，中共對於台灣新政府不接受「九二共識」所能做出的懲罰性的反應，不管台灣方面如何自我克制，還是都紛紛出台了。就目前的狀況來說，在我們假定中國不會突然決定動武的共識下，已經是兩岸最壞的情況了，再壞也壞不到哪裡去了。兩岸關係要想有所突破，就台灣而言，或許已經到了從被動改為主動的時候了。

四．打倒國民黨不應當是台灣本土派的最高追求

話要從前不久臺北市長柯文哲訪問上海說起。

在那次訪問中，柯文哲表現出了對於中國共產黨的一貫的興趣。據報導，媒體追問，此行後會更欣賞共產黨嗎？柯表示，每個存在的東西總有優點，應該要學習他（共產黨）的優點。柯文哲這個判斷我認為問題很大，因此我在臉書上發文，表示很想問問，在柯文哲市長的心中，共產黨的優點到底是什麼？當然，我沒有為難柯文哲市長的意思，我覺得他對中共的了解還是不夠的，所以我也沒有真的去問他。而且，這也不是本文的重點。

重點是我在我的「粉專」上提問柯Ｐ之後，下面的留言反映出一些問題，讓我有不吐不快之感。針對我的「中國共產黨到底有什麼優點」的問題，大部份網友如同我的預期，根本說不出什麼來，倒是有幾位網友實在擠不出來答案，於是回答我說：「至少共產黨曾經打敗了國民黨」。在他們看來，這，就是共產黨之善可陳的優點之一了。

我經營臉書已經六年，我必須承認，在我的臺灣網友中，反對國民黨的，政治立場傾向於本土立場的佔大多數。雖然這也許會使得我臉書上的輿論風向有一面倒的趨勢，但是

也給我提供了一個觀察臺灣本土派思維的好機會。結果我發現，在很多普通的本土派網友心中，對國民黨極端仇恨，希望國民黨趕緊離開人世的大有人在，不論我說什麼，他們都能扯到打倒國民黨這邊來，似乎這個世界上，打倒國民黨就是最高價值，是壓倒一切的任務。所以才會有「能打敗國民黨，就是共產黨的優點」這樣的言論出現，而且，有這樣的想法，絕對不是少數人。

這是我不能同意的。我認為，打倒國民黨不應當成為臺灣本土派的最高追求。

當然，我絕對不是支持國民黨的人，事實上，它們跟共產黨友好到那個程度，也不可能得到我的絲毫好感。我也完全理解那些亟欲消滅國民黨的本土派人士的心情，真的非常理解。但是，如果把打倒國民黨當作本土派的最高價值，這樣的想法讓我作為一個旁觀者，有點為臺灣擔憂。因為，還有四、五個月，打倒國民黨的願望很可能就會實現了。我的擔憂是：然後勒？

實際上，我認為，在結束國民黨政權的歷史性任務完成之後，臺灣還面臨著很多更深層次的問題，需要大家一起去努力，去警惕，去解決。

例如，明年大選的結果，如果不出意外，臺灣會出現新的政治格局：民進黨會一黨獨大，國民黨淪為中等實力的政黨，然後再加上作為少數派的親民黨和第三勢力。這樣的話，問題就來了：如果我們因為打倒了國民黨就覺得萬事大吉了，那麼，誰來監督民進黨呢？再好的政黨，只要一黨獨大，不管原來多麼有理想性，都有被嚴厲監督的必要。在國民黨之後，如何防止民進黨重蹈國民黨的覆轍，對於臺灣的未來，不是比打倒國民黨更有意義嗎？

再例如，一個社會中民主的鞏固，在於公民社會的壯大和成熟，只有社會的力量大於政黨和國家的力量，民主發展才能有穩固的基礎。而在臺灣的社會中，即使國民黨被打倒了，甚至根本就在政治舞台上消失了，難道就萬事大吉了嗎？大家可以從最近幾年的一系列社會事件中看到，在臺灣，還是有很強大的保守力量，它們不一定是藍營，但是在生活觀念，在傳統道德，在思維方式等等方面，因循守舊，懶於變革，缺乏自我反省的能力，有的時候還會出現反智的言論。這樣的問題不解決，打倒國民黨有什麼用呢？

對於臺灣的本土派來說，要讓臺灣變得更好，有很多比打倒國民黨更重要的事情。明年一月之後，其實更加任重道遠。

五・獨立運動成功的五個條件

二〇一四年，舉世矚目的蘇格蘭獨立公投結果揭曉，正如外界預期，蘇獨主張以微小比例落敗。但是，外界也一致承認，雖然落敗，但是蘇格蘭獨立運動能夠走到今天，雖敗猶榮，甚至是取得了某種程度的成功。觀察蘇獨運動的發展，我們可以看到，民族獨立運動要取得成功，至少需要五個基本條件。

第一、要有一個高水準的領導人。蘇格蘭民族黨領袖，蘇獨運動的領軍人物薩孟德被稱為「全英國最會打選戰的人」。他有長期戰略，一步一步有規劃有步驟。他個人魅力無人可比，電視辯論效果驚人。他最被津津樂道的事情就是善於抓住任何機會推動蘇獨。例如，蘇格蘭網球名將莫瑞去年在溫布爾頓錦標賽決戰擊敗對手，薩蒙德就在看台上展開蘇格蘭國旗，極大鼓動了蘇格蘭人的愛國熱情。一九九三年捷克與斯洛伐克和平分手，也是與哈維爾如日中天的聲望和調停能力有直接關聯。一個有魅力有辦法的領導者是獨立運動成功的推動力量。

第二、要有經濟上的自主權。這次蘇獨公投未過，很大程度上還是因為很多蘇格蘭人無法捨棄留在英聯邦帶來經濟上的穩定性和社會福利，不願面對獨立後經濟上的不確定性。尤其是在獨立後的貨幣制度、北海石油存量的分配、就業機會、國債，以及歐盟會員國等議題上，獨派也沒有提出足夠的令人信服的證據去爭取支持。政治分歧和民族自尊固然可以樹立起獨立運動的旗幟，但是這樣的運動如果不能保證經濟的持續發展，還是會面臨極大的困難。

第三、要能夠長期韌性地堅持。蘇格蘭獨立運動由來已久，到這一次英國願意同意蘇格蘭以公投的方式決定自己的未來，這可以說是獨派長期努力的結果，絕非一朝一夕可得。獨派領袖薩蒙德學生時代就開始積極推動蘇獨，一九八七年當選英國下議院的第一場演說，就提出了蘇獨的主張，但是走到公投，還是經歷了二十七年的漫長時光。在這麼長的時間中，不放棄，不氣餒，尤其是不因而變得激進嚇跑一般民眾，這是很不容易的。

第四、要有普世性價值的追求作為基礎。民族獨立運動，不能僅僅是出於民族自尊心，還要有更充分，更普世性的訴求。蘇格蘭的人民更加傾向於社會主義，要求更多的公平正義，被稱為「蘇格蘭原則」，這個原則的確為他們爭取到了道義上的很多支持。北愛爾蘭爭取獨立的運動，其實也有一百多年的歷史了，但是獨立中摻雜了宗教對立的因素，使問題變得複雜，並帶來太多的對立與仇恨，就就是一個教訓。當初美國獨立運動，也是建立在追求自由、平等的價值基礎上方能成就。

第五、要在內部形成大多數的共識。這次蘇獨功虧一簣，最根本的原因，還是未能得到超過半數以上的支持。取得內部共識，既是獨立運動取得勝利最重要的一步，其實也是最艱難的一步。獨立運動不成功，老實講，就是獨派還是佔少數，因此，怎樣從內部做起，爭取內部大多數人的共識，才是獨立運動取得成功最關鍵，最重要的環節，也是任何獨立運動應當傾注最大的力量去做的事情。

第八個建議

二〇二〇，台灣一定要贏

一．台灣的經濟，可以靠中國嗎？

二〇二〇年大選，國民黨一定會提出政見，要求改善兩岸關係。他們的理由一定是：只有依靠中國，台灣經濟才有出路。事實真的是這樣嗎？當然不是！

二〇一六年蔡英文訪美的時候，芝加哥大學教授，國際戰略問題大師米爾斯海默曾經對她提到，一九九〇年台商大舉進入中國，填補了西方國家針對中共的「六四」鎮壓而進行的經濟制裁而留下的投資空間，從而大發其財不說，還實質上支撐了中共的統治，結果現在中共成了大怪獸，使得美國保護台灣的難度提高。

不可諱言，台商介於台灣與中國之間，處境是尷尬而艱辛的。很多台商在這樣的夾縫中，能夠生存下來，並且壯大起來，是頗為不易且下了很大功夫的。這就是所謂的「台商精神」。例如，蔡衍明的旺旺集團一九九二年正式投資中國市場，是臺灣第一個在大陸註冊商標並且擁有最多註冊商標的企業。蔡衍明為何能這麼快進入中國市場？根據中國的新華網二〇一四年七月三十日題為「臺灣首富的街頭哲學」報導：「早在投資建廠之前，蔡衍明就已經關注大陸。一九九〇年蔡衍明出資讓一名臺灣導演去大陸拍攝各地的名勝古蹟。這些記錄大陸的影像在臺灣播出後，很多沒去過大陸的台灣人由此記住了大陸的黃山、桂林等風景如畫的地方。當時臺灣新聞局去大陸拍廣告片的前三個作品都是由旺旺做的。」重點其實在最後一句：「這些廣告片雖然花了蔡衍明十萬元台幣，卻幫他敲開了一個龐大的大陸市場」。中國官方媒體的這個報導，清晰地點出了一些台商是如何通過經濟以外的手段進入中國市場。

這樣的台商當然不只是蔡衍明一人。最近宏達電因為股價下跌引起很多討論，資深財經記者蔡玉真就在三立電視台的節目上披露，王雪紅曾經和江澤民的兒子在大陸成立新公司，與江澤民的孫子入股香港ＴＶＢ；甚至為了討好習近平，花了十二點六億與習近平的秘書在中國辦學校，當中百分之八十五的學生不用繳學費。這樣的非經濟層面行為，確實已經成為部分台商為了進入中國市場而採取的手段。我們當然可以理解，這些台商為了賺錢，在中國那樣的體制下，只能做那樣的事情。但是我要提出的問題是：利用中國後極權體制的特點，靠一些非經濟的手法來拓展中國市場的台商，真的會永保平安嗎？

或許這些台商們，可以看看一四七四期《新新聞》的一篇報導。根據這篇報導，中國國務院去年十二月發佈的六十二號文件，要求今年三月底之前，要取消各地方政府對企業的優惠稅制，數以萬計的台商成為這項政策的受害者。而為甚麼一度支撐了中共統治的台商，現在卻被這樣無情對待呢？按照《新新聞》的說法，習近平的戰略佈局已經是面向全世界，他早已不把台商放在眼裏了。其實，中國經濟下行不可避免，各路利益集團自己搶食還來不及呢，怎麼可能還像過去一樣，再讓你台商輕鬆地分走一塊肉呢？這個道理不是很清楚嗎？

其實，了解中共的人都知道，這就是典型的中共：當他需要你的時候，為你做一切事都可以；只要他不需要了，就會一腳把你踢開。每一個曾經跟中共關係良好的台商，不管這關係曾經多麼良好，也不管你幫助中共做過多少統戰的工作，被一腳踢開的可能性是一定存在的。道理很簡單：這，就是中共。

二・警惕中共對選舉的介入

不健忘的人都還記得，二〇一二年臺灣總統大選，中共明目張膽地強力介入。他們不僅動員在中國的台商集體返台投票，還鼓動臺灣內部的財團代表王雪紅等人，在選舉最關鍵的時刻，罕見地表態支持「九二共識」，對臺灣的經濟前景進行恐嚇。由於中共的強力介入，那一場選舉，被認為是民進黨同時對抗國民黨加共產黨的戰鬥。這樣的力量對比，結果當然就是民進黨的敗選。

與二〇一二年的選舉相比，二〇一六年的總統大選，中共官方顯得出奇的安靜，不僅台商沒有動起來，而且中國的國台辦在整個選舉的過程中也幾乎保持沉默。於是有人說，這一次大選，中共終於學聰明了，他們知道，只要他們介入，搞不好會幫助到民進黨，所以他們這一次沒有介入。我無法苟同這樣的看法，道理很簡單，二〇一二年中共的介入，其實是成功的；所以中共沒有理由，在這一次更為關鍵的臺灣大選中，反倒按兵不動。事實上，中共顯然也了解，這一次如果國民黨兵敗如山倒，短期內是很難復原的，民進黨的長期穩定執政，對中共絕對是一個大麻煩。因此，他們是沒有理由不介入的。

那麼，為甚麼在二〇一六年的這一次選舉中，我們沒有看到2012年選舉期間中共的那些動作呢？

在我看來，二〇一六年的台灣總統大選，中共並未保持不介入的立場，他們也做了不少介入的動作，只不過這一次的選舉，由於大環境對國民黨的不利等原因，這些介入都沒有發生作用而已。此外，這次選舉，中共如果重複二〇一二年的做法，招式已經用老，勢必激起台灣本土力量的反彈，所以他們採取了一些別的做法。

首先，這次選舉中，絕大多數國民黨人無心戀戰，表現冷淡，但是表現最積極的兩個人—所謂「正毅連線」的邱毅和蔡正元—都是與中國大陸關係深厚的人。尤其是邱毅，在中國有廣泛的關係，幾乎成為台灣的代言人，這樣的影響力，如果沒有中共的刻意栽培，顯然是不可能的。不由自己出面，而是由在台灣的親中派或者代理人出面，這是中共介入選舉的第一個做法。

其次，中共仍然進行了經濟恐嚇，不過使用暗示的方式。典型的例子，就是在大選倒數時刻，中國一月五日突然宣布「試點」開放中國觀光客來臺中轉。而海基會六日坦言事先不知情。「中客中轉」議題延宕多時，中方突然片面宣布重慶、南昌、昆明作為來臺灣中轉的「試點」城市，這不可能是按部就班的政策施展節奏，不能不讓人把這樣的動作跟選舉連接在一起。選前最後一刻，二〇一六年一月十四日，《聯合報》報導，由於陸方代表不願在十六日大選前來臺磋商，陸客來臺中轉確定無法在大選前上路。《聯合報》的評論說，陸方是否放行陸客中轉，將視選後蔡英文的言行而定。同時也可以藉此釋出對臺政策訊號，就算收回中轉或拖著不實施，傷害也不會太大。以《聯合報》一貫的與中國方面的密切關係，做出這樣的評論，應當是有所本的。這難道不是中共對選舉的介入嗎？

第三就是赤裸裸的武力恐嚇。一月十二日，中共解放軍南京軍區前副司令員王洪光在《搜狐軍事》上撰文，聲稱台灣台獨意識高漲，即將選出台獨勢力執政，而一旦如此，就是選擇「非和平手段」、「選擇戰爭」。他還稱中國用武力解放台灣的手段和工具有很多種，甚至不必登島作戰就能解放台灣，「為了不嚇著『島內』民眾，則是點到為止」。當然，這樣的恐嚇是由退休將領提出，說明中共給自己留了後路。但是說明中共還是沒有放棄以對臺灣的軍事恐嚇來試圖影響選舉結果的念頭。

當然，最後我們看到，所有這三種介入的方式都以失敗告終，這只能說明中共對於大選結果已經了然於心，希望能夠維持與民進黨新政府的基本關係，所以這一次的介入有所收斂，力道不重。但是我們絕不能說沒有介入。而更重要的是，這三種介入方式，雖然沒有影響這一次選舉的結果，但是在選後是否還會繼續使用，將影響到兩岸關係的發展，這才是更值得關注的事情。

三・蔡英文面對的四個挑戰

經歷了失敗與挫折，蔡英文的最後一里路終於走過來了。但是我們也應當知道，走完這一里路之後，面對蔡英文和新政府的挑戰，只有「嚴峻」兩個字可以形容。這些挑戰包括：

首先，是來自太陽花世代的挑戰。二〇一四年的三一八太陽花學運，其實證明了一件事情，那就是台灣的年輕世代，如果說對國民黨是對立的話，對民進黨就是疏遠。當然，面對共同敵人，不同世代可以團結起來，相互支持。民進黨與太陽花世代策略性結盟，這就是這次選舉國民黨兵敗如山倒的主要原因。但是一旦民進黨成為執政黨，事情就複雜了，難題就來了，那就是：蔡英文政府要如何滿足太陽花世代對於認同議題的強大訴求。作為執政黨，穩定兩岸關係當然是蔡英文政府必須做出的選擇；但是太陽花世代的認同訴求，來自台灣民主發展的天然脈絡，他們勢必要求政府回應。如何帶領台灣走向正常國家，滿足年輕世代的訴求；同時又要穩定兩岸關係。這不是挑戰，什麼是挑戰？

其次，是來自對岸的中共的挑戰。習近平上台之後，一心塑造的「中國夢」，眾所週知是包括解決台灣問題在內的。在中國經濟下行已經不可逆轉的情況下，民族主義勢必再次成為中共「圍魏救趙」的籌碼，否則中國國內對中共的不滿情緒難以宣洩。從馬習會就可以看出，習近平對台灣問題是有強烈的企圖心的。我們目前還不知道，面對未來的蔡英文政府，中共會做出怎樣的政策調整；但是我們可以肯定的一點是，中共對於堅持反對「九二共識」的民進黨和蔡英文，至少在表面上，絕對是要出一些難題的。這些難題是什麼，我們還不得而知。但是以中共的能量，如果它要出難題給蔡英文，這樣的挑戰不可能是可以輕鬆化解的。

（編註：這是我在二〇一六年蔡英文當選總統之後撰寫的評論。二〇一八年年底綠營的大敗，證明了我文中這些擔心，並不是毫無根據的。面對二〇二〇大選，我認為綠營還是不能大意。文中的這些挑戰，很多其實仍在。）

第三個挑戰，是經濟和民生問題。我們甚至可以說，這其實也是對蔡英文政府最根本的挑戰。為甚麼這麼說呢？因為國民黨大敗，主要原因之一，就是沒有能夠提升經濟。民進黨上台，如果台灣的經濟仍然沒有起色，民生政策的調整仍然讓人民無感，民意的轉向將會是一夜之間的事情。可是麻煩的是，臺灣的經濟困局，其實很難在比較短的時間內解決。這是民主國家內生的困境，因為，公平與效率要兼顧，幾乎是不可能的。以加入TPP和含有瘦肉精的美豬進口為例而言，不加入TPP，臺灣就無法擺脫單一依賴中國的經濟困局；而要加入TPP，就必須開放含有瘦肉精的美豬進口，而後者勢必引起強烈的民間反彈。要如何說服台灣人民支持政府「兩害相權取其輕」的選擇，考驗的就是民進黨和蔡英文的智慧。

最後，是民進黨內的權力分配的問題。我們都知道，蔡英文「維持現狀」的兩岸政策，並不為本土陣營的很多力量所接受；蔡英文的「英派」主張，當然也不可能化解民進黨長期以來形成的派系鬥爭。只是選前，大家都以大局為重，有多少不同意見都會自動閉口。這一切，都是為了拉下國民黨。但是，民進黨歷來是一個大鳴大放的政黨，可以共患難，但是不一定可以共富貴。現在政權在手，蔡英文如果不能平衡黨內各種力量，如果不能公平分配權力，想一言九鼎，讓自己成為民進黨說一不二的共主，這樣的挑戰，幾乎是不可能的任務。

這個世界上，有一件事情，是非常令人愛恨交織的。因為，對這件事情來說，成功當然是好事，但是，在品嘗成功的美味之後，接下來要品嘗的，就是更加苦澀的滋味。這件事情，就是勝選。

四・綠營勝選的機會何在？

二〇一八年年底的九合一選舉，外界普遍預料民進黨會輸，婚姻平權公投案不會過。但是外界與我一樣，也普遍沒有想到民進黨會輸到這麼慘，而反同的票數會如此之高。選後，綠營和社會運動陣營一片哀鴻遍野之聲，沮喪、絕望、悲觀，氣氛十分低迷。但是如果仔細分析，其實綠營雖然大敗，但是未來還有機會，情況並沒有那麼慘。

其實冷靜下來想想，綠營雖然失去台中和高雄，但六都國民黨三席，民進黨二席，柯文哲一席，3：2：1，這樣的比例並不算太難看，如果綠柯合作，雙方其實平分秋色，最多算是回到藍綠版圖的原有出發點。何況，民進黨仍然有中央執政權和國會主導權。總的來看，民進黨損失慘重，但是實力仍然雄厚。

此外，從陳水扁到馬英九到蔡英文，長期以來，執政黨大敗下野之後，往往都是依賴獲勝一方之後的一系列錯誤逐漸東山再起。現在國民黨拿下大部分縣市，已經部分執政，未來台灣經濟好與壞都有國民黨的責任在其中，國民黨已經失去了指責民進黨的責任。反觀這次選舉國民黨獲勝的縣市首長，在選後第二天就迫不及待地提出「九二共識」，韓國瑜下週就要前往中國，可見，國民黨說要「救經濟」，但是並無任何新的招數，只是要回到馬英九執政時期的舊路上，那就是依賴中國大陸的幫助，包括開放更多陸客等，來提升經濟成長。

這樣的政策真的能給國民黨的地方執政帶來經濟政績嗎？當然不可能。第一、要是依賴中國經濟就能搞上去，那馬英九執政八年，兩岸關係融洽無比，陸客蜂擁而至，台灣經濟早就騰飛了。事實上並沒有。如果依賴中國大陸的投入，就能推動經濟成長，香港比台灣更有條件，香港經濟有變得更好嗎？第二、從香港的經驗看，大量中資和陸客的湧入，擠壓到本土的發展空間和生活質量，會導致反中的反效果；馬英九時期的中國政策，也多少可以看到這樣的反彈，現在重回老路，也必將面對原有的問題；最後，依賴中國的消費力要有一個前提，那就是中國的消費力強勁增長，但是實際上，中國經濟已經放緩，又面臨中美貿易戰壓力，已經自顧不暇，能有多少消費力轉移到台灣來？如果國民黨執政的縣市，還是想通過修復兩岸關係，利用「中國紅利」給自己帶來政策，我只能說，這根本就是緣木求魚。而如果國民黨打者「救經濟」的旗幟橫掃台灣地方政治版圖，但二〇二〇年之前卻無法完成承諾，甚至做得更糟的話，民意如流水，下一波被選民教訓的，很快就會輪到國民黨。

另外我們也要看到，這次選舉是地方選舉，選民對於民生問題更為關注，統獨議題、中國因素，都沒有起到太大的助選作用。但是二〇二〇年的總統大選，關係到台灣的未來，茲事體大。如果已經取得地方執政權的國民黨，再拿下中央執政權和國會主導權，等於重現一黨獨大，台灣社會普遍存在的對於被中國併吞的疑慮和危機感，勢必會被重新激發出來，鐘擺效應之下，加上民意如流水，民進黨還是有機會的。

最後，國民黨有一個悠久的傳統，那就是輸的時候很容易團結，贏的時候很容易內鬥。這次選舉剛剛結束，朱立倫就已經表示未來什麼可能性都有，挑戰二〇二〇年總統大位之心呼之欲出；張善政也急不可耐地放話，說會思考未來的道路，對於總統大位躍躍欲試。馬英九、吳敦義、江宜樺這個鐵三角陣營不可能在二〇二〇年大選缺席，現在，國民黨又出現了一個救世主韓國瑜，背後是王金平。這意味著什麼，了解國民黨的人都會心知肚明。

以上因素加在一起，綠營二〇一八年年底確實受到重大挫敗，但是全面分析可以看到，二〇二〇年，民進黨並非毫無希望。

五．韓國瑜將成也韓粉，敗也韓粉

毫無疑問的是，國民黨總統候選人韓國瑜，不是一個容易對付的對手。這種態勢，從韓國瑜最早那一次訪美，得到海外藍營僑胞熱情歡迎的程度就不難判斷。問題是，韓國瑜即使最終被黃袍加身，強推出來，真的能夠在二〇二〇年勝選嗎？我認為要打一個很大的問號。對韓國瑜的挑戰不僅會來自外部，包括民進黨，甚至國民黨內部反韓力量；更主要的挑戰，恐怕是來自韓國瑜的支持者，也就是韓粉們。

韓國瑜本人其實並無深厚的從政資歷，更沒有紮實的執政理念，他的政治純屬口號政治，行家一聽就知道沒有什麼實質內容。但是這些，對韓粉來說，根本不在考慮之列。對於韓粉來說，韓國瑜的出現，使得他們對於國民黨重新執政產生了新的希望，韓國瑜順利拿下高雄市長寶座，更是證明了他可以做到原來藍營想都不敢想的成就。這是韓粉盲目崇拜韓國瑜，不顧一切都要力挺韓國瑜的重要原因。在這樣的情緒下，跟韓國瑜宣戰將非常辛苦，因為韓粉不會在乎韓國瑜的政見是否空洞，也不會在乎韓國瑜與對岸中共的可疑關係。對他們來說，拉下民進黨的目標高於一切。在這種情況下，不管韓國瑜犯了什麼錯誤，哪怕鬧出「愚公移山」的笑話，哪怕原先承諾的政見都不算數，也絲毫不會影響韓粉對韓國瑜的支持。對韓粉來說，他們其實更在乎的不是韓國瑜的當選對台灣的影響，而是能夠拉下民進黨。仇恨和情緒會壓倒一切，如果韓國瑜最終當選總統，韓粉的這種不顧一切盲目支持將是最主要的原因。因此說韓國瑜「成也韓粉」並不為過。

但是，事情往往也有另一面。韓粉們因為對韓國瑜寄予了太大的期望，因此不容任何對他們偶像的批評。凡是對韓國瑜有所批評的人，無不遭到洗版的網路霸凌對待。前此有黃光芹被威脅的事件，我批評韓國瑜把「閉門簡報」吹噓成「到大學演講」一事，也是有大批韓粉湧到我的臉書，推特和ＹｏｕＴｕｂｅ，對我進行圍攻。倘若這些攻擊是針對事實，其實也沒有什麼，但是，正如韓粉一貫的表現一樣，幾乎百分之九十九的批評完全是飆不堪入目的髒話，或者進行人身攻擊，或者製造各種謠言進行抹黑。吾爾開希在對待韓國瑜的問題上比我溫和很多，他寫給韓國瑜的公開信非常理性、客氣，但是也同樣遭到大批網軍的辱罵。這樣的行為，對韓國瑜真的有利嗎？

韓國瑜能夠在高雄勝選，除了提出「政治零分，經濟一百分」這樣的打動人心的口號（雖然並未兌現）之外，就是與傳統的國民黨支持者有所區隔，他能勝選，很大程度上是因為得到了一批既不喜歡民進黨，也討厭國民黨的中間選民支持。但是，中間選民通常都是比較理性的選民，也都是具有一定文化程度的選民。在競選時期出現一些惡質的現象，或許還不會導致中間選民太強烈的反感，但是如果韓粉始終以這樣地下的素質，到處進行辱罵和人身攻擊，中間選民遲早是會產生不好的印象的；如果韓國瑜不約束自己的支持者，也慢慢會被中間選民拋棄。

政治人物的支持者如果過於熱情，過於激動，對於他們的支持對象來說，很有可能是雙刃劍。韓粉現在的瘋狂表現，其結果很可能反倒葬送了韓國瑜的政治前途。所謂「敗也韓粉」，並非不可能之事。

六・台灣大選將會如何影響到中共

台灣總統選舉進入尾聲。雖然到目前為止，外界對選舉的結果幾乎已經可以篤定，但是，選舉結果不到最後票開出來，都存在各種可能的變數。所以現在就下確定的結論，還為時過早。這未嘗不是好事，因為我們還是可以沙盤推演一下，看看台灣這一次大選的各種可能性，會如何影響到中共對台灣的政策走向。以下，就讓我們假設一下選舉的不同結果，來分析一下哪種結果是中共最樂於見到的，而哪種結果，對中共來說，是不可承受之重。

假設一，儘管選前各項民調都顯示民進黨會贏得總統大選，但是最後的選舉結果，居然是因為綠營選民和首投族的投票意願因此降低，或者其它各種不可測的因素，結果導致選舉大翻盤，國民黨贏得總統大選的話。那麼，中共應當是喜出望外，大肆慶賀。不要說國台辦可以據此邀功請賞，恐怕中共高層如習近平等，就會認定臺灣人愚蠢可欺，對台灣的統一決心一定會更加增強，各種統戰的動作將會紛紛出台，對未來臺灣政府的壓力也會進一步提升。而美國方面很可能因而認為台灣人對於統一並沒有十分抗拒，因此而放棄在維護臺灣主體性方面的努力。

假設二，如果大選的結果是民進黨贏得總統選舉，但是並沒有完成國會過半的目標；同時，親中國的國民黨雖然丟掉總統位置，但是由於第三勢力在政黨票上對於民進黨的瓜分，導致國民黨仍舊維持國會第一大黨的地位，那麼，中共雖然覺得沮喪和失望，但是還不會到絕望的地步。因為他們還會對作為國會第一大黨的國民黨有所期待，認為他們實力猶在，對民進黨政府仍舊可以杯葛和牽制。對於中共來說，這樣的結果固然不是他們樂於見到的，但是也堪稱差強人意。他們會不爽，但是會抱有期待。他們會繼續推進過去的統戰策略，包括支持臺灣內部親中勢力，包括資金支持個別媒體集團，包括對臺灣新政府施加各種壓力等等。

（編註：這一篇是對二〇一六年總統大選的觀察，不過其基本道理，仍可以適用於即將到來的二〇二〇年大選。固，雖有一些細節上的不同，但仍編入提供參考）

假設三，如果大選的結果，是民進黨全面勝利，不僅贏得總統，而且也獲得國會過半的成果；尤其是，如果國民黨立委席次跌到四十席以下，變成一個小黨。這樣的結果，對中共必將是一個沈重的打擊。這樣的打擊，可以用「絕望」來形容，因為他們也知道，國民黨如果選成這樣，很有可能，一、二十年內都無法翻身，那麼，對於臺灣這一塊，中共除了放棄，恐怕實在也找不到更好的辦法。這樣的選舉結果，會有一個很直接的後續效應，那就是他們對台灣內部一些親中國的政商勢力—例如某媒體集團—的支持，就會大打折扣。這會導致這些政商媒體集團的瓦解，從而影響到整個臺灣政治經濟勢力結構的重大改變。簡單講，如果國民黨一敗塗地，中共一定會放棄對臺灣內部「第五縱隊」的支持。到那個時候，這些「臺灣皮，中國心」的媒體集團或者政商力量，恐怕只有一條路可走，那就是土崩瓦解。

換句話說，臺灣的每一位選民都應當清楚地了解：你們投下的那一票，不僅是決定台灣的未來，也是決定中共未來對台灣政策的走向。這個道理也很簡單：因為你們的每一票，都是臺灣民意的展現，而中共再強大，也不能不顧及臺灣的主流民意。至於這個主流民意是什麼，將由一月十一日那一天你投下的一票來決定。

七・不應讓韓國瑜把臺灣選舉文化帶向沈淪

臺灣的總統大選很快就要揭曉，現在選戰逐漸進入白熱化。臺灣的選舉文化，歷來被認為在華人社會獨樹一幟，但現在，卻出現令人遺憾和失望的逐漸沈淪現象。

上個周末，國民黨候選人韓國瑜在新北市舉辦造勢大會，號稱三十五萬人參加，氣勢浩大。國民黨高層雲集，支持者亢奮，一致表達了要奪回政權的強烈願望。民主社會，選舉決定命運，政權輪替稀鬆平常，這並不令人擔心。但是，如果在選舉文化的影響下，整個社會的文明程度有所下降，就是民主的危機了。不幸的是，在這次韓國瑜的造勢大會上，就讓人看到了這樣危機的苗頭。

在壓軸發言中，韓國瑜針對來自對於他個人的攻擊，或者他口中的「抹黑」非常憤怒。這本來是可以理解的，但是，他並未針對這些批評一一作出有理有據的反駁，反而公然呼籲全場的支持者，遇到這樣的批評，要回敬「他奶奶的」四個字。眾所周知，「他奶奶的」這樣的口頭語，是街頭市井撒潑打架時候的常用語，不要說不是文明用語，根本就是汙言穢語，是罵人的髒話。而現在，成了韓國瑜鼓動選民使用的選舉語言。這在臺灣的選舉文化中是從來沒有過的。

最令人不可思議的是，韓國瑜在演講中，提出他的四大競選理念，其中一條就是中華文化。這聽起來簡直就是自相矛盾的笑話。中華文化講究禮儀，「他奶奶的」都能罵出口，不要說「中華文化」了，連「文化」都沾不上邊。從孔子到孟子，中華文化又有哪位宗師教導過「他奶奶的」「這句髒話呢？國民黨前總統馬英九是哈佛博士，現任主席吳敦義大學歷史系出身，挺藍媒體《聯合報》曾經因為清大學生陳為廷挑戰教育部長，就用頭版批評「不禮貌」，顯然，他們都自詡捍衛中華文化正統，而對於「他奶奶的」成為他們支持的候選人的競選口號，不知道他們內心有何感想？真的一點羞愧和不自在都沒有嗎？

這樣的選舉語言，對於下一代也是很不好的示範。各位教師和家長可以想想：如果有一天你的學生和小孩張嘴就罵「他奶奶的」，當你教導他們不許罵髒話的時候，結果他說「是總統教我們罵的」。這樣的情況，要教師和家長如何教育下一代？臺灣一向被華人認為是傳承中國傳統文化，講究禮儀的地方，現在一個要選總統的人，號召支持者罵髒話，臺下幾萬臺灣人還歡聲雷動。這不是選舉文化的沈淪，又是什麼呢？

選舉本身是一個政治行為，但是政治行為行塑的，是一個社會的文明基礎。這就是好的選舉文化對於社會文明建設的重要意義。例如，當一個候選人競選失敗之後，他的第一個動作，往往就是致電獲勝者，向對方表示恭喜。這本身，體現的不僅是個人的風度，也是正確的面對輸贏的態度，以及遵守規則的立場。換句話說，好的選舉文化，會促進社會文明規則的建立；相反，惡質的選舉文化，侵害的不僅是民主制度本身，更是社會的發展和進步。

臺灣是華人世界第一個實現和平的民主轉型的典範，號稱華人民主的「燈塔」。今天，這樣的燈塔是否還能繼續亮下去，實在令人擔心。

八・讓我感動的和讓我擔憂的

我在台灣教書八年的時間中，有很多深受感動的時刻，例如太陽花學運，例如反媒體壟斷，還有之一，就是二〇一三年的反核大遊行。那次我帶班上的中國交換生去參加遊行，感受一個民主社會的具體表現。記得那天人潮洶湧，捷運站口一出來就有點水洩不通的感覺，遊行過程中氣氛熱烈，雖然天氣很熱，大家都汗流浹背，但是每個人臉上都是笑容，那些笑容，其實就是希望。事後，很多中國交換生都覺得受到震撼，因為他們看到的，是人民要決定自己命運的決心和熱情，當然也看到了在一個民主的社會中，人民的力量確實可以影響政策。然後就是林義雄先生絕食反核，整個台灣社會為之震動，朝野合力之下，民意獲得勝利，核四宣布停建。

核電，確實是一個存在爭議的問題，台灣社會也為之分歧良久。在我任教的清華大學，主張核電的和反對核電的同學甚至展開了公開的論辯。但是經過幾番大討論和民意表達，大部分人達成了共識：核電沒有不好，只是台灣有台灣特殊的情況，不適合使用核電。這樣的聲音佔了大多數，最後終於停建核四。從二〇一三年那次大遊行到最後停建核四，這一路走來，在我一個旁觀者的眼裡，都覺得真是很不容易。

這就是為什麼，當我看到韓國瑜宣布他一旦當選，就要重啟核四的時候，非常憤怒的原因。因為，經過了那麼長時間的討論和堅持，台灣好不容易走到這一天，如果因為韓國瑜的當選，所有的努力，所有那些汗水、期待、熱情和對自己家園的愛，全都要付之一炬，一切，又要回到原點。我實在不忍心看到這樣的事情發生。我更不忍心看到我那麼多的年輕學生，對這個社會的進步感到失望。我其實還有點擔心，原來那些在核電爭議中看到民主示範的中國交換生，對民主制度在台灣產生質疑。

我承認我不是核電領域的專家，我的專業知識非常有限。我也承認當年那場大遊行的參與者，以及很多支持實現「無核家園」的朋友，其實也不具備專業背景。但是我認為，所有的政策，都不是單一領域的考量。那種「你們又不懂專業，憑什麼針對專業性這麼強的議題發言」的質疑其實是很沒有道理的。不管核電爭議的專業內容如何，這個爭議本身絕對不是僅僅圍繞核電是否應當發展的問題。舉例而言，今天一旦重啓核電，反核大軍只能也同時啟動，全社會將再次陷入爭執和分歧，在這個重大議題上的社會對立會再次發生。一個本來已經基本解決了的爭議性巨大的議題，重新推倒重來，它所導致的負面的社會效應，也是我們在討論核電議題的時候，應當放在一起考慮的。

這些，國民黨和韓國瑜不管。曾經有國民黨立委表示，同婚問題雖然已經通過大法官解釋，獲得了解決，台灣已經成為亞洲第一個可以同志結婚的國家，但是國民黨只要重新執政，就一定會推翻同志婚姻。現在，在廢核議題上，又是同樣的立場。好不容易有了妥協共識的事情，國民黨鐵了心，一旦上台就統統推倒重來。至於會帶來多少社會紛爭和龐大成本，他們不管。我不禁要問：這是一個負責任的政黨嗎？這是一個可以把台灣託付給他的候選人嗎？

如果政黨輪替，就意味著輪替之後大幅度全面重新洗牌，這不是民主，這是政治報復。這是我最擔憂的事情。

九・發大財的根本之道

最近半年，因為韓國瑜的關係，「發大財」成了台灣社會的流行用語，到處可以聽到

「發大財」的聲音，有正面的評價，也有很多的譏諷。其實，「發大財」本身沒有什麼不對的，誰都不會跟錢過不去，擁有「發大財」的願望無可厚非。可是，一個淺碟文化的社會，最容易不假思索地追隨一句口號，很少有人會認真想想這個口號的內涵和意義。

這就讓我們不能不重溫一下諾貝爾經濟學家阿馬蒂亞・森的學說了。在他看來，對任何社會來說，經濟發展都不是終極目標，自由才是發展的目標，經濟發展，只是擴展人們享有真實自由的一個過程而已。當然，這個過程也是必要的，沒有這個過程的完成，自由也難以得到保障。阿馬蒂亞・森的卓越之處，是指出了經濟發展（也就是「發大財」）不僅會導致政治自由，同時也有賴於政治自由。

他指出，經濟發展，必須要求消除那些限制人們自由的主要因素，即：貧困以及暴政，經濟機會的缺乏以及系統化的社會剝奪，忽視公共設施以及壓迫性政權的不寬容和過度干預。在他看來，只有當生命個體成為自由、獨立的主題，所謂發展，才能獲得真正的動力。他提醒說，「市場的整體成就深深地依賴於政治和社會安排。」他有一個意見，就是：應當把人類發展的資金用於對生活質量更具作用的領域，而不應把公共資源用於其他社會利益遠不清楚的目標上。他舉例說：「現在一個又一個窮國用於軍費上的大量支出常常比基本教育和醫療保健費高出幾倍。財政保守主義是軍備擴散主義的噩夢，而不是學校教師或醫院護士的噩夢。學校教師或醫院護士比軍隊的將軍更感到財政保守主義的威脅，表明我們所生活的世界中是非顛倒。」

我們都知道，他最著名的理論之一，就是對於飢荒的探討。在《貧困與飢荒》一書中他指出，在一個社會所有獲取和控制食物的合法手段中，權利是最重要的。飢荒的發生，實際上往往是飢民獲取食物權利的失效。他經過大量的歷史研究，得出一個結論，那就是：飢荒從未發生在具有民主制政府和自由傳媒的任何獨立國家，而通常發生在權威主義社會、殖民地，或軍事獨裁國家。他指出，民主和不發生飢荒之間的因果聯繫是不難發現的。

討論阿馬蒂亞・森的理論，真的已經是老生常談。但是有些理論必須時不時地重溫，是因為社會發展時不時地有這個需求。今天，一些民粹主義的政客，一方面用「發大財」的主張蠱惑人心，從中漁利；另一方面，卻又跟以專制為核心的其他政權眉來眼去，而很多人並不覺得這有什麼奇怪的。這些政客能夠攪動風潮，就是因為在一個社會中，確實有很多人羨慕那些在政治專制下所謂的經濟發展，他們無法深刻地認識經濟發展與政治自由之間的必要關係，看不到有些經濟發展其實正是政策鬆動（也就是某種程度的自由化）的結果，而一旦回到專制，經濟發展也好，「發大財」也罷，都會被打回原形，所謂「發大財」很容易變成黃梁夢。

讓我再重申一次：我不是反對「發大財」這個口號，我只是從歷史經驗和經濟理論兩個角度，希望更多的人可以認識到：如果你想要發大財，就必須維護民主自由的制度，因為發大財的根本之道，就是人民可以享有各種自由。

十·駁「藍綠一樣爛」和「超越藍綠」論

在我們的公共討論中，有很多似是而非的觀點，嚴重威脅著討論的理性和質量。在台灣的選舉語言中大家耳熟能詳的「藍綠一樣爛」就是一例。這個說法聽起來很中立客觀，很理想主義，因而很鼓動人心。然而，如果我們認真分析一下，你就會發現，其實，這種論述是一種騙人的話術。

首先，如果我們願意用嚴謹的態度討論問題，就不存在「藍綠一樣爛」這件事。我不否認，不管藍營，還是綠營，一定都有其「爛」的地方，但是你要怎麼證明「一樣」爛呢？你如果沒有一套可靠的判斷標準，所謂「一樣」本身就是不可靠的判斷。而到現在為止，我們還看不到有哪一位說「藍綠一樣爛」的人，是運用客觀標準得出的這個結論。與其說這是一個事實，不如說根本就是情緒。而大家都知道，情緒往往是不理性的，更不可能嚴謹。事實上，哪有可能兩個政黨剛剛好「一樣」爛呢？最多是一個比另一個更爛而已。因此，當你說「藍綠一樣爛」的時候，其實你已經在混淆，或者是誤導事實了。

其次，如果我們被「藍綠一樣爛」這樣的觀點洗腦，往往會選擇放棄在藍綠之間做出選擇（我們先假定沒有第三勢力，這個問題下面再講），或者不投票，或者投廢票，反正「藍綠一樣爛」嘛。這樣的做法，其實等於放棄了自己手中的民主權利，更嚴重的是，這也是放棄了你作為一個公民，進行政治選擇的義務。事實上，世界上不可能有一個完全純潔無瑕，不會有什麼「爛」成分的政黨，這是權力的本質導致的。所以嚴格地說，任何一個政黨，都有「爛」的一面，這是可以預期的。因此，所有的投票，本來就是在各個不同的「爛」政黨中，選出一個比較不那麼「爛」的政黨，這也許聽起來很令人沮喪，但是我們本來就不是生活在一個烏托邦的社會中。相反，如果有一個政黨，說別人都很爛，只有我們不爛，這樣的政黨才值得我們警惕呢，因為他一定是在撒謊。

最後，如果大家都接受「藍綠一樣爛」這樣的論調，那麼一個聽起來非常合理的選擇，就是去找一個不是不藍不綠的政黨，也就是所謂的「超越藍綠」。我必須說，如果真的能出現這樣的一個超越藍綠的政黨，對台灣確實是一件好事，這也是我們對第三勢力非常期待的原因。但是我在這裡要提醒大家的是，真的只要「超越藍綠」就是好事嗎？「超越藍綠」真的可以成為一個最高的價值，直到我們進行政治選擇嗎？

「超越藍綠」這個口號聽起來很令人嚮往，但是它本身也存在很多可能性，是我們不能不去警惕的。例如，加入所謂的「超越藍綠」的結果，就是糾集一批被藍營和綠營淘汰的任務，這樣的「超越藍綠」就只是藍綠重組而已，所以我們要檢視的是，標榜「超越藍綠」的力量，是否能找到綠營和藍營以外的政治人物加入；再例如，當有人喊出「藍綠一樣爛」，所以我們要「超越藍綠」的口號的時候，我們也要去觀察這樣的力量的發展，如果他們做得確實比藍綠都好，那是社會之福，國家之福；但是，如果「超越藍綠」的結果，是表現得比藍綠都還要「爛」，那麼這樣的「超越」就一點價值都沒有。而沒有人可以保證，後面這種可能性絕對不會存在，所以誰也不應當把「超越藍綠」當作最高的政治價值。

還是那句話，口號很豐滿，現實很骨感。好的政治，絕不能被表面美好的口號所欺騙。我們要檢視的，應當是一個政黨的具體政策和執行力，以及政治人物的能力和人品，而不是只要「超越藍綠」就是好的。

十一・對台灣的考驗開始了

國民黨總統大選初選結果揭曉，毫不令人意外的，高雄市長韓國瑜獲得勝利，將代表國民黨出馬角逐二〇二〇年的總統大位。不到一年的時間，韓國瑜這個本來默默無聞的政客，登上了他的政治頂峰。且不論他是否能夠當選，他的出線本身，就代表著對台灣的考驗開始了。

為什麼這麼說呢？因為韓國瑜代表的，是兩條對台灣未來發展影響重大的路線。這一點，美聯社的評論已經非常直白地點了出來，那就是「親北京和民粹」。

首先。韓國瑜代表的，很明顯是傾中路線。考慮到今天的中國，除了中共之外，根本沒有國人參與政治的空間，所以這裏的「傾中」，嚴格地說，就是「親共」。韓國瑜的所謂「發大財」，其核心內容就是爭取中國對台灣的農業訂單；他剛剛上任，就到香港中聯辦與北京方面進行溝通，這一切，都證實他確實希望依靠中共的支持。台灣雖小，在中美大國關係中卻扮演著重要的角色，民進黨的蔡英文親美，國民黨的韓國瑜親共，誰當選，就代表著台灣人民對未來在中美之間選邊站的道路選擇。親美，其基礎是安全和價值；親共，其基礎是所謂的「發大財」的願望。台灣人要選擇發大財，還是選擇民主，這當然是一個嚴峻的挑戰。

其次，韓國瑜代表的，是一種民粹主義的社會傾向。韓國瑜從參選高雄市長以來，就沒有提出過什麼經得起考驗具有建設性的政策，他的勝利，建立在所謂的「鋼鐵韓粉」對他的盲目支持上。凡是對韓國瑜提出批評的，韓粉就一擁而上，在網路上進行圍攻，甚至以暴力威脅。韓粉甚至喊出了韓國瑜就是「救世主」，就是「民族的大救星」這些我們在中國的「文革」時代耳熟能詳的個人崇拜的口號。這種對領袖的盲目維護，這種不願討論具體政策，只陶醉於空洞口號的情緒，就是典型民粹主義的表現。民粹主義席捲全球，但台灣的民粹主義卻別闢蹊徑；當全球的民粹主義體現在反移民的態度上時，台灣的民粹主義卻具有濃厚的反智特徵。這樣的民粹主義會不會通過韓國瑜的勝選，主導台灣社會未來的發展，這當然也是一個嚴峻的考驗。

這樣一個提不出具體可行的政策，煽動義和團般狂熱韓粉的政客，能夠走到今天，說明台灣的民主發展和社會進步，已經到了一個瓶頸期。當年金改革損害了軍公教集團的利益，使得他們成為鋼鐵韓粉的時候；當婚姻平權得罪了保守勢力和宗教團體，使得他們強烈反對改革路線的政黨的時候；當中共的勢力通過媒體和網路，通過台商和政黨，全面滲透到台灣並積極影響選舉風向的時候，台灣面對的考驗是非常嚴峻的。雖然目前我們可以看到，年輕世代幾乎一面倒反對韓國瑜，但是即使所有年輕世代都支持民進黨，他們在選票上所佔的比例也還是有限的。更何況，台灣本土力量之間，也還需要更多的整合。而台灣社會根深蒂固對於「發財」的集體迷幻心理，更是韓國瑜可以崛起的重要社會基礎。在這樣的情況下，至少目前來看，沒有人可以預測台灣人最後會做出什麼樣的選擇。對於台灣本土力量來說，掉以輕心會是選舉大忌。現在，民進黨和國民黨的候選人都已經確定，對台灣的考驗，真的開始了。

附錄

給台灣的十個建議

七月份，我將離開台灣，返回美國開啓新的事業。在台灣生活了八年，對這塊土地當然已經產生了深厚的感情。離開，也當然會有很多的不捨和牽掛。八年來，台灣社會中的大部分人對我友好、愛護和支持，讓我在流亡生涯中感受到溫暖，這是我非常感恩的。在離開之前，我一直想，我要用什麼方式做一個小小的回報？

我可以寫一封文情並茂的感謝信，表達我對台灣的愛，感謝台灣對我的好。我也可以堆砌大量溢美之詞，逐一感謝所有曾經得到的關愛。這對我來說不是難事。但是我決定做一件相反的事情，那就是根據我在台灣八年的觀察，提出台灣社會存在的一些問題，並在此基礎上提出我的一些建議。

這些問題的提出，也許會令一些朋友聽上去有些刺耳，這些建議也不見得就都是正確的，但是我覺得，如果你真的愛一個人，與其肉麻地讚美，不如指出他的不足，幫助他變得更好。批評，有的時候才是真愛；而吹捧，有的時候反倒是相害。因此，儘管我知道我的臨別贈言會令一些人不舒服，甚至會得罪一些人，但是，我還是決定用十個建議的方式寫給台灣一封公開信，作為我臨別的禮物。我這麼做的唯一目的，就是希望台灣更好。

（編註：二〇一七年七月，我結束了在台灣的八年的教書生涯，準備回到美國，開啟新的戰場：重新整合中國海外的反對運動，建立專業化，年輕化的新反對派，影響國際社會的對華政策，並針對未來中國的轉型制訂具體的解決方案。雖然關注重點轉向中國本土的民主化轉型，但台灣的發展仍然是我心中非常牽掛的事情。辭別台灣之前，我在媒體上連續發表三篇給台灣的告別信，提出了以下的十點建議。這些建議，是我的肺腑之言，也許忠言逆耳，但是涵蓋了我多年來對台灣的觀察和對台灣社會的期待，我把它當作是我對台灣給我支持的回報。）

第一個建議是給民進黨的，那就是希望民進黨的執政不要辜負太陽花世代的期待。去年的大選，民進黨獲得勝利，當然是民進黨全黨上下努力打拼的結果；但是，如果沒有那一場太陽花學運，我認為至少不會贏得如此徹底，而國民黨也不會輸得如此徹底。對此，民進黨應當記在內心深處。而太陽花學運能夠風起雲湧，正是因為年輕世代敏銳地把握到了一些深層次的，涉及到台灣發展方向的問題，並因此而引起社會共鳴。太陽花學運，代表的其實是台灣的未來和新民意。因此，民進黨在執政之後，應當努力落實太陽花學運提出的一些關於世代正義、台灣主體性、關於自由貿易、民主制度等等方面的呼籲和主張。

第二個建議是針對台灣最近幾年出現的暴力政治。當我看到一些背景複雜，意識形態鮮明的組織，不斷地用暴力的手段宣揚自己的理念；有些利益組織在社會議題的討論上，不是理性地溝通，而是通過鬧場的方式不讓討論進行；有些宗教團體為了自己的信仰，不惜捏造事實，危言聳聽，用語言暴力反對他人的時候，我為台灣社會感到擔憂。因為，民主制度的基礎之一，就是理性的公共討論，只有保障這樣的公共討論，社會才能在共識的基礎上前進，這也就是言論自由為甚麼如此重要的原因。暴力政治，會使得公共討論無法進行，它會使得民眾的政治參與受到干擾，它會使得政治更加令人避之唯恐不及，這些後果，都是對民主制度的嚴重威脅和挑戰。暴力，從來都是專制的溫床；而暴力導致的恐懼，更是極權主義意識滋長的土壤。台灣社會對於暴力政治對於民主制度的威脅性，必須高度重視，不能冷漠對待，而政府執法機構也應當更加嚴格執法，確保社會的公共討論能夠理性有序地進行。

第三個建議是關於民主制度的發展。台灣的民主為世人所矚目，接下來要如何進一步完善，面對各種挑戰要如何去捍衛，都是迫切需要思考的問題。我認為，台灣的民主制度硬件基本上已經建立，剩下的只是完善的問題；但是在軟件的部分，台灣的民主尚有很大的進步空間。這個軟件問題，就是公民的素質。我所說的素質，並不僅僅是政治上的公民素質，更是日常生活中的人民的素質，例如是否能夠自覺遵守交通規則，是否有胸懷聽得進別人對於自己的批評，是否能夠尊重他人的選擇，而不是用自己的想法阻礙別人的幸福。政治也好，民主也好，其實主要是體現在日常生活中，生活中人民素質的提高，才是民主制度進一步提高的關鍵。希望社會更加進步，就應當從自己的一言一行做起，用文明社會的標準自我要求。這是台灣的民主發展，接下來必須去處理的問題。

第四個建議是關於兩岸關係的。我相信大部份台灣民眾都很關心兩岸關係的發展，更關心當權者的兩岸關係政策；但是我也觀察到，大部份台灣民眾，對於中國社會的內部發展卻漠不關心。這其實是很矛盾的，因為兩岸關係的發展，在很大程度上受到兩岸各自內部政治社會發展的影響。不了解中國問題，就不可能處理好兩岸關係。尤其是執政團隊，更應當對於中國的發展有全盤的正確認識，才能制定出適宜的兩岸政策。今天的民進黨，對中國內部情勢進行深入分析的並不多，而最大的在野黨恐怕更了解的是中共，而不是中國，而台灣民眾，對於一個真實的中國更是缺乏認識。這樣的狀況應當改變。台灣可以多聽聽余杰、林保華這樣的了解中國，又深愛台灣的來自中國的學者的意見。

第五個建議是關於中國民主化與台灣的利益和安全。在接觸台灣社會的過程中，我可以感受到大部分台灣人對中國民主化的「與我何干」的心態。我也承認，中國民主化的結果，不一定能給台灣帶來多大的好處；但是我也請台灣的朋友思考一下：如果中國不走向民主化，而是越來越法西斯化，對台灣帶來的，就一定是絕對的威脅。兩者相比之下，還是中國的民主化相對來說，對於台灣更有利一些，不是嗎？中國就在台灣的旁邊，假裝它不存在是不理性的，它的變化直接關係到台灣的切身利益和安全。台灣政府和社會就是為了自己，也應當用具體行動支持中國的民主化，包括支持中國的海外民運，針對中國的人權問題提出批評，也包括面向中國人民，而不是面向中共統治集團喊話，表示台灣願意看到中國有民主化。我相信，這樣的喊話，會增加兩岸人民之間的友好。

第六個建議是關於教育。到底什麼是台灣的立國之本？我不認為是經濟發展，更不可能是國力強大，台灣一定要找到自己與眾不同的強項，才能立足於東亞格局和國際社會之中。而這一點，我認為應當是教育。台灣有八千八百億可以用來投資基礎設施建設，但是投入到教育中的財力卻不成比例的少。看看台灣教師的收入與其他國家的對比就可以知道。美國為了吸收世界各國最好的學生，給予他們全額獎學金，不僅免除學費，甚至提供生活費，這是美國能夠強大的重要原因之一。這樣的強大，當然要有一定的付出。台灣應當加大教育投入，設立豐厚的獎學金，吸納外國的優秀學生到台灣來唸書，擇其優者吸引他們留下來工作。如果連健保問題都擔心被別人佔便宜，這樣的心態要怎樣吸引到更多的人才呢？

第七個建議其實也跟台灣社會發展有關，那就是觀念的進步。台灣要吸引人才，不僅要提供物質上的優惠政策，更要讓台灣成為一個有吸引力的社會。這樣的社會保護人的自由，秉持包容和多元化的原則，使得每個人都可以感受到人格的尊嚴。而這一切，需要的都是觀念的進步。如果今天台灣社會，還是充斥陳舊的觀念、反智的言論，落伍於世界文明發展的潮流，台灣就不可能進步。因此，包括同志平權在內的人權進步政策，應當是台灣社會和政府致力於推進的事業，因為人權的發展，彰顯的就是觀念的進步。

第八個建議有關轉型正義。我在台灣教書八年，接觸到的大學部學生，大部份對台灣近幾十年來的歷史所知不多。從五十年代到白色恐怖，從黨外運動到八十年代的思想狂飆運動，現在的太陽花世代對這些台灣歷史上的重大發展，了解非常不足。民族認同，是要建立在共享的歷史記憶之上的。如果不了解自己國家的歷史，要如何去愛這個國家？我認為台灣的轉型正義不應當僅僅限於是否拆掉威權象徵和收回不當黨產，更重要的是教育，應該把歷史記憶通過歷史教學的方式深深植入這個社會之中，並分享給後代。歷史記憶如果只是保藏，而不能分享出去，意義就會受到限制。因此我建議，台灣的中學歷史課本，應當列專章，講述轉型正義和台灣的歷史；大學，更應當把台灣歷史列為必修課程。

第九個建議是針對台灣太陽花時代的台獨2.0版提出的。我看到美國杜克大學與台灣政治大學的一份民調，二十到二十九歲的台灣青年世代台灣認同高達八成以上，主張獨立的也遠遠超過半數，但是面對「是否願意為了台灣獨立而上戰場」這樣的問題時，表達「願意」的僅有兩成多。我高度尊重台灣年輕世代渴望獨立的心情，但是我也要指出，從歷史上看，很少有理想性的事業不付出代價的，很少有一個民族的獨立是和平得來的，面對中共統治下的中國，更不可能和平獨立。此外，中共最後是否武力攻台，也會考量種種成本因素，包括台灣人民抵抗的意志。如果中共研判，或者台灣的民調顯示，大部份的台灣民眾，願意為了自己的理想不惜一戰，中共就會考慮動武的代價是否太大。有人說，我是鼓勵台灣年輕人流血。錯了，恰恰相反，我認為只有表達出強大的意志，才能把流血的可能性降到最低。因此，台灣追求獨立的太陽花世代應當認識到，不懼戰，才是保障和平和安全的條件。

最後，**第十個建議**，是關於人才引進：現在的台灣政府非常重視南向政策，但是香港近在眼前，卻看不到太多的關注。實際上，香港具備大量的高水平人才，港人教育水平的平均值高於台灣，尤其是在金融領域和全球貿易自由化等方面；與此同時，香港的整體環境，尤其是政治環境，越來越令港人失望甚至絕望，更多的港人想離開香港。對他們來說，比起去歐美國家，台灣應當是更好的選擇。而這些人才，如果能到台灣來，對台灣的經濟發展會帶來國際視野的提高等等好處。因此我建議台灣政府，應當制定專法，以特別的優惠政策，針對香港的具體情況，針對性地首先吸引香港的人才到台灣來工作和定居。這也許會衝擊到台灣的就業市場，但是引進人才，讓經濟的餅做大，大家才能分享到更多的利益。

以上就是我離開台灣之前，基於自己的八年觀察，提出的一些建議。這些建議不一定都正確，但是我覺得坦誠地提出自己的觀察和思考，是我回報台灣的最好方式。我還是強調，我的所有建議，哪怕刺耳，哪怕難聽，都只有一個目的，那就是希望台灣更好。有的時候，話說得重一些，才能更加激勵和刺激思考。

天佑台灣！台灣加油！再見！

國家圖書館出版品預行編目 (CIP) 資料

給台灣的八個建議 / 王丹著 .-- 初版 .-- [臺北市]：
匠心文化創意行銷，2019.11
面；公分 .--（王丹自選集；5）
ISBN 978-986-97513-8-4(平裝)

1. 臺灣政治 2. 兩岸關係 3. 文集

573.09　　108018053

渠成文化　王丹自選輯 006
給台灣的八個建議
作　　者　王　丹
專書授權　公共知識份子
圖書策劃　匠心文創
發 行 人　陳錦德
出版總監　柯延婷
專案企劃　謝政均
內頁設計　顏柯夫
封面設計　莫舍設計
E-mail　cxwc0801@gmail.com
網　　址　https://www.facebook.com/CXWC0801
總 代 理　旭昇圖書有限公司
出版日期　2019 年 12 月　初版一刷
總代理旭昇圖書有限公司
地址新北市中和區中山路二段 352 號 2 樓
電話 02-2245-1480（代表號）
定　　價　新台幣 320 元
ISBN 978-986-97513-8-4